금강혜심론

금강혜심론

발행일	2021년 11월 8일

지은이	이건표		
펴낸이	손형국		
펴낸곳	(주)북랩		
편집인	선일영	편집	정두철, 배진용, 김현아, 박준, 장하영
디자인	이현수, 한수희, 김윤주, 허지혜, 안유경	제작	박기성, 황동현, 구성우, 권태련
마케팅	김회란, 박진관		
출판등록	2004. 12. 1(제2012-000051호)		
주소	서울특별시 금천구 가산디지털 1로 168, 우림라이온스밸리 B동 B113~114호, C동 B101호		
홈페이지	www.book.co.kr		
전화번호	(02)2026-5777	팩스	(02)2026-5747

ISBN	979-11-6836-018-1 03220 (종이책)	979-11-6836-019-8 05220 (전자책)

(주)북랩 성공출판의 파트너

북랩 홈페이지와 패밀리 사이트에서 다양한 출판 솔루션을 만나 보세요!

홈페이지 book.co.kr   •   **블로그** blog.naver.com/essaybook   •   **출판문의** book@book.co.kr

작가 연락처 문의 ▶ ask.book.co.kr

작가 연락처는 개인정보이므로 북랩에서 알려드릴 수 없습니다.

반야바라밀과 마음을 다스리고
수행할 마음자리의 터를 닦다

이건표 지음

金剛慧心論

금 강 혜 심 론

북랩 book Lab

도道라 이르는 물건에 대해서 공부를 하려고 처음 마음을 일으킨 이初發心者나, 도道라 이르는 물건에 대해서 공부를 하고 있는 이修行者들이 믿고 이해信解하면서 의지할 바는 무엇이던가. 또 도道라 이르는 물건을 깨달아 얻은 이覺者들이 안과 밖이라 이를 수도 없으며, 다함이 없고 무수무량無數無量함을 막힘이나 걸림이 없이 두루 원만하게 통하는 물건을 깨달아 얻었다는 것은 무엇이던가.

깨우침을 얻기 위해 맨 처음 무엇을 근본 바탕으로 삼아 공부해야 하는 것이며, 안과 밖이라 이를 수도 없고 다함이 없으며, 무수무량無數無量함을 막힘이나 걸림이 없이 두루 원만하게 통할 수가 있다는 것인가. 곧 이 무수무량無數無量하며 깊고도 미묘한 깨우침을 막힘이나 걸림이 없이 환하게 통하고자 하는 것이 바로 본인本人이 하고자 하는 공부가 아니던가. 때문에 깨우침을 환하게 드러내고자 부단하게 노력하고 몸과 마음을 다한 정성을 드리는 것이 아니던가.

깨우침을 위한 공부에는 차례와 순서가 있는 것이니, 이 차례와 순서를 알지 못하고 공부를 시작한다면 그저 막막하고 또 평생을 헛되게 보낼 수밖에 없는 것이라네. 때문에 앞선 이들이 공부의 차례와 순서를 밝히고 마침내 본인 스스로 무수무량無數無量하며 깊고도 미묘한 깨우침을 막힘이나 걸림이 없이 환하게 통함을 구한 후에는 이 통함마저도 마땅히 버려야 함을 드러내어 준다네.

무릇 공부를 하려고 처음으로 마음을 일으킨 사람이나 이미 공부를 하고 있는 수행자는 제일 먼저 의지해야 할 바에 대한 믿음信을 근본 바탕으로 삼아야 하는 것이며, 또 의지해야 할 바에 대한 믿음을 바탕으로 깊이 이해解를 해야 한다네. 그리고 의지해야 할 바에 대한 믿음과 이해를 바탕으로 올바르게 수행修行을 해야 하는 것이라네. 또한 이렇듯 올바른 수행으로 인해 얻어진 증거證로서의 열매를 분명하게 체득해야 하며, 수행의 결과로서 분명하게 열매를 얻은 후에는 수행을 거듭하여 쌓고 쌓으면서單複 거듭 나아가 깨우침을 깨달아 아는 맑고 참다운 이치를 마지막까지 캐고 따져서 사실을 밝혀야만 한다네. 그런 후에 인위적이거나 꾸밈이 없는 본인 스스로 있는 그대로의 모양이나 상태를 분명하게 또 틀림없이 설명하고 눈앞에 드러내야 생사를 벗어난 공부를 끝마칠了義 수 있는 것이라네.

가장 긴요한 점을 들어 이르자면 이렇다네. 색불이공色不異空 공불이색空不異色 색즉시공色卽是空 공즉시색空卽是色 수상행식受想行識 역부여시亦復如是가 깨우침을 깨달아 아는 일로서의 반야바라밀般若波羅密이 즉설주왈卽說呪曰이라네. 곧 반야바라밀般若波羅密이 깨우침을 깨달아 아는 일로써의 온전한 지혜이며, 화두話頭이고 공안公案이라네. 때문에 반야바라밀般若波羅密이 인因이며, 반야바라밀般若波羅密이 과果果임을 분명히 인지해야만 한다네. 그리고 이 반야바라밀般若波羅密의 지혜를 믿고 의지해야 할 바로 삼아서 25문二十五門, 57과五十七果, 일천칠백공안一千七百公案, 팔만사천법문八萬四千法文 등 일체 모든 법法과 일체 모든 불보살佛菩薩을 지극히 바른 뜻으로 세워야만 한다네. 그리고 깨우침을 깨달아 아는 온전한 지혜인 반야바라밀般若波羅密을 바탕으로 세운 마음을 다스리고 닦고 수행修行 할 마음자리의 터를 깊이 이해해야 하는 것이니, 곧 시제법공상是諸法空相 불생불멸不生不滅 불구부정不垢不淨 부증불감不增不減을 깊이 이해해야만 한다네. 그리고 불생불멸不生不滅 불구부정不垢不淨 부증불감不增不減이라 이르는 하나의 물건을 이름 붙여 부르기를 마음자리의 터라 이른다네.

깨우침을 깨달아 아는 온전한 지혜인 반야바라밀般若波羅密과 마음을 다스리고 닦고 수행修行할 마음자리의 터, 곧 정定을 온전하게 갖추어야만 도道에 입류入流했다고 이를 수 있다네. 이 하나뿐인 마음자리의 터, 곧 불생불멸不生不滅 불구부정不垢不淨 부증불감不增不減이라 이르는 마음자리의 터를 밝히지 못하고 아무리 몸과 마음을 다해 닦고 행하면서 깨우침을 얻고자한다면 만에 하나라도 절대 얻을 수가 없는 것이라네.

지혜가 있네. 지혜가 없네. 이 둘은 참된 것이 아니라네. 이렇듯 정定이 있네. 정定이 없네. 이 둘 또한 참된 것이 아니라네. 나고 죽은 일과 또 나고 죽은 일을 떠난 이 둘 또한 헛되고 망령된 것이니, 이러한 생각이 있거나 생각이 없거나 이 둘은 참된 것이 아니라네. 그러므로 무상무념無想無念이라 이르는 것은 헛된 망상일 뿐이라네. 사려분별思慮分別을 벗어나 여여如如하므로 나아가는 것이며, 지혜와 정定의 근본 바탕이 참되기에 미혹迷惑함에서 벗어나는 것이라네. 그러나 나아가거나 벗어나는 일이 있으면 이는 경계가 있는 것으로서 거짓된 진여假眞如가 아니던가. 때문에 지혜와 정定에서 나아가거나 벗어나는 이 두 가지 일에 집착함이 없어야 이것이 곧 올바른 진여眞如라네. 이 물건을 본인 스스로 인지할 때 비로소 깨우침을 깨달아 아는 일을 벗어나 아주 작은 완숙한 깨우침을 득得할 수 있는 것이라네. 그리고 이 작은 완숙한 깨우침, 곧 선업善業을 365일 놓치지 않고 몸과 마음을 다한 정성으로 거듭 쌓고 쌓아 가길 바란다네.

본인 스스로의 몸과 지혜와 정定이 서로 디디고 서서 깨우침을 깨달아 아는 일을 벗어나 완숙한 깨우침을 얻길 바라는 염원으로 올바르게 수행하는 법을 서술한 것이며, 선업善業을 거듭 더하여 쌓고 쌓아 나가길 바라면서 금강혜심론金剛慧心論이라 이른 것이라네.

이르기를 "무불무無不無 불무불不無不"이라. 없다 해도 본래 없는 것이 아니며, 아니라 해도 본래 아닌 것도 없다네.

    짧다면 짧고 길다면 긴 시간 동안 음으로 양으로 보탬이 되어 주고 늘
변치 않은 마음으로 도움을 준 모든 제가불자, 보살님과 처사님들에게
고마운 마음을 드립니다.

    양평 도반 윤성潤性 스님과,

    바라밀波羅密 한주아.

    일규一竅 김홍규.

    정각正覺 김남영.

    지안智眼 박철근.

    일유一有 최길인.

    특히나 윗분들에게 깊은 감사를 드립니다.

불기佛紀 2565년二千五百六十五年 8월八月 18일十八日

이른 오후, 시발산방始發山房에서

일지一智 이건표 합장배례合掌拜禮.

　　회향廻向의 자리나 위치는 큰 자비慈悲의 마음으로 이루어져 있답니다. 그렇기에 세간世間으로 향하면서 중생들을 이롭게 하지요. 이는 곧 온전한 지혜인 반야바라밀般若波羅密의 지혜를 바탕으로 한 참된 마음자리의 맑고 깨끗한 빛, 곧 불생불멸不生不滅 불구부정不垢不淨 부증불감不增不減이라 이른 밝은 마음을 되돌려 중생들이 서로 의지하며 살아가는 세속으로 향하는 것이랍니다. 그리고 이러한 마음을 바탕으로 한 순수한 지혜를 되돌려서 중생을 이끌고 구하려는 자비로운 마음이 앞선다는 것이며, 때문에 참되거나 속됨眞俗을 두루 원만하고 막힘이나 걸림이 없이 통하는 자리랍니다. 반야바라밀般若波羅密을 바탕으로 한 순수한 지혜와 바라는 바 없는 마음으로 베푸는 자비가 둘이 아닌 하나가 되는 까닭으로 회향廻向이라 이른 것이랍니다. 때문에 수행修行의 미묘한 행위가 회향廻向에서 온전하게 갖추어지는 것입니다.

　　간절한 마음으로 덧붙이자면 되돌려 향하는 마음자리廻向心는 깨우침을 얻은 이와 수행修行하는 이들이 중생을 구하고 이끌려는 자비로운 마음이 가장 깊답니다. 그러므로 회향廻向의 자리나 과위에서는 중생을 구하고 보호保護하는 일이 제일 먼저 앞서야 할 중요한 일이라 할 수 있답니다. 그러나 중생衆生을 이끌고 구하는 모든 행위行爲를 보면 인위적人爲的이면서 꾸미는 신身, 구口, 의意에 의한 유위有爲를 바탕으로 한 일일 뿐이지, 참된 마음자리의 맑고 깨끗한 참된 터로 가는 길과는 철저하게 어긋나는 일이랍니다. 때문에 이끌고 구하고자 하는 바탕의 모양이나 상태를 반드시 없애야만 하는 것이지요. 그리고 바라는 바 없는 그 마음으로 일으킨 꾸밈없는 있는 그대로의 무위심無爲心을 되돌려 중생들과 함께 하나뿐인 마음자리의 참된 터로 향하는 길, 그 길로 회향廻向해야 한다는 것이랍니다.

　다시 이르자면 반야바라밀般若波羅密의 지혜를 바탕으로 한 무수무량한 일, 곧 불생불멸不生不滅 불구부정不垢不淨 부증불감不增不減이라 이른 마음이라 이름 붙인 물건이 일체 모든 법과 일체 모든 불보살과 신기하게 통하는 까닭으로 수행修行하는 일에 있어서 마음이 흡족해지고 25문二十五門, 57과五十七果, 일천칠백공안一千七百公案, 팔만사천법문八萬四千法文 등 일체 모든 법法을 통해 깨달음으로 가는 모든 일을 이루는 것이지요. 그러므로 맑고 깨끗한 지혜의 밝은 빛, 곧 불생불멸不生不滅 불구부정不垢不淨 부증불감不增不減을 바탕으로 남아 있는 모든 시름에서 깨끗하게 벗어나거든, 중생을 이끌고 구하는 일에 바라는 바 없이 그 마음을 되돌려야 하는 것이지요. 그러고는 중생을 이끌고 구하고자 하는 바탕의 모양이나 상태를 반드시 없애 버려야만 한답니다. 그리고 바라는 바 없이 중생을 이끌고 구하려는 그 마음 그대로 꾸밈이 없는 순수한 마음無爲心을 다시금 되돌려 중생들과 함께 하나뿐인 마음자리의 참된 터로 향하는 일이 참된 회향廻向이며, 이것이 비로소 깨우침을 깨달아 아는 일을 벗어나 아주 작고 작은 완숙한 깨우침을 득得할 수 있는 것이랍니다. 모쪼록 365일 빠지지 않고 선업善業을 쌓고 쌓아서 비롯됨 없는 깨우침을 온전하게 득得하길 몸과 마음을 다해 기원합니다. 그리고 그 동안 올바르게 공부할 수 있게 이끌어 준 스승과 도움을 준 많은 분들께 감사드립니다.

불기佛紀 2565년二千五百六十五年 8월八月 23일二十三日
바라밀波羅密 한주아 합장배례合掌拜禮.

목차

제1장

신해수증료의
信 解 修 證 了 義

선신해후수증료의先信解後修證了義라. 헤아려 생각하건대 공부를 하려고 처음으로 마음用을 일으킨 사람初發心者이나, 이미 공부를 하고 있는 수행자修行者라면, 먼저 믿음信이란 것을 움직이거나 흐트러지지 않게 바르게 세우고 이 믿음信을 바탕으로 자세하고도 깊은 이해解가 있어야 할 것이라네. 이 믿음信과 이해解를 있는 그대로 고스란하게 또 바르게 세워야만이 올바르게 닦아 나아가는 법修行法을 막힘이나 걸림이 없이 이룰 수 있다네. 그리고 이 믿음信과 이해解를 바탕으로 닦고 나아가修行야 드러내어 얻을 수 있는 결과證得가 있을 것이라네. 더하여 수행의 결과證果, 그 증거로서의 열매를 얻은 후妙覺에 거듭 수행修行하여 쌓고 쌓으면서 거듭거듭 나아가修證, 불법佛法의 이치를 마지막까지 자세히 캐고 따져서 사실을 밝히고 인위적人爲的이거나 꾸밈이 없는 있는 그대로의 모양이나 상태를 확실하게 또 틀림없이 설명하고 마땅히 마무리해야 할 일了義이라네.

마주 대하여 드러난 모양體이나 상태用로서 마땅히 의지依支해야 할 것에 대한 믿음信만이 있고 이해解를 하지 못한다면, 스스로의 몸과 마음만이 더러워짐을 면하지 못할 것이라네. 또한 지극히 독선적獨善的이면서 이기적利己的이고 한쪽으로 치우치는 일이 다반사茶飯事가 아니던가. 또 이러한 허물과 잘못에 집착하면서 맹목적盲目的인 길로 들어서기가 쉽지 않던가. 또한 드러난 모양體이나 상태用로서 마땅히 의지해야 할 것에 대한 이해解만이 있고 참된 믿음信이 없다면, 요사스럽고 바르지 못한 생각이나 삿된 견해見解만이 더욱 더해질 뿐이라네.

이 몸과 마음이 마땅히 의지할 것에 대한 믿음信과 이해解, 이 두 가지가 하나라도 모자람 없이 갖추어져야만, 이 때 비로소 닦고 행하는 법修行法의 기초를 바르게 세울 수 있는 것이라네. 이러한 연후에 마땅히 의지해야 할 수행법修行法을 바탕으로 이 몸과 마음을 1년 365일 잃지 않은 것을 바로 수修라 이를 수 있을 것이라네. 이렇듯 닦고 행修行하여 얻어진 결과란 증거로서 드러난 열매證果이니, 이 열매를 얻고자 몸과 마음을 다하는 자는, 깊고도 미묘한 깨우침의 지혜般若波羅密를 마땅히 의지해야 할 바탕으로 삼아야 한다네. 그리고 이를 거듭 쌓고 쌓아야修證了義만 비로소 '참다운 터—竅'로 흘러 들어갈 수 있을 것이라네.

무릇 공부를 하려고 처음으로 마음을 일으킨 사람初發心者이나, 이미 공부를 하고 있는 수행자修行者라면, 왜 맨 먼저 믿음信을 근본 바탕으로 삼아야 하는 것이며, 무엇을 믿고 무엇을 이해解해야 하고 또 무엇을 어떠한 방법으로 수행修行해야 하는 것이며, 그로 인해 얻어진 증거로서의 열매證果란 또 무엇이던가? 그리고 수행의 결과, 그 증거로서의 열매證果를 얻은 후에 거듭 수행하여 쌓고 쌓으면서 거듭 나아가單複 불법의 이치를 마지막까지 자세히 캐고 따져서 사실을 밝히고 인위적人爲的이거나 꾸밈이 없는 있는 그대로의 모양이나 상태를 확실하게 또 틀림없이 설명하고 드러내어 끝마칠 일修證了義은 무엇이던가?

행심반야바라밀다 시에 조견오온개공하여 도일체고액이라
行深般若波羅密多 時 照見五蘊皆空 渡一切苦厄

색불이공 공불이색 색즉시공 공즉시색이라네 수상행식도
色不異空 空不異色 色卽是空 空卽是色 受想行識

역부여시하니 시제법공상은 불생불멸 불구부정 부증불감
亦復如是 是諸法空相 不生不滅 不垢不淨 不增不減

이라네.

: 행심반야바라밀다行深般若波羅密多 시時에

막힘이나 걸림이 없이 두루 원만하면서 밝고 환하게 통하는 깊고도 비밀스러운 지혜智慧, 곧 깨우침을 깨달아 아는 일로서의 온전한 지혜인 반야바라밀般若波羅密을 바탕으로 세상사를 깊이 들여다보니,

: 조견오온개공照見五蘊皆空하여

육근六根 육진六塵 육식六識으로 서로 구별 짓고 나누어 밝히는 후천적後天的인 색법色法으로서의 색온色蘊과 선천적先天的인 심법心法으로서의 사온四蘊은 거짓으로 이루어진 모양이나 상태이며, 또한 잠시 임시적으로 빌려 쓴 거짓된 이름이라네. 이러한 까닭으로 마주 대하여 드러난 모든 모양이나 상태, 이름이란 본래 어지럽게 흩어진 공空한 것임을 비추어 보아서

: 도일체고액渡一切苦厄이라

일체 모든 고통과 재앙, 괴로움에서 벗어나는 것이라네.

: 색불이공色不異空 공불이색空不異色 색즉시공色卽是空 공즉시색空卽是色이라네

그러므로 후천적後天的인 색법色法으로서의 색色이란 어지럽게 흩어진 공空의 본래 바탕으로서 일점 하나라도 인위적人爲的이거나 꾸밈이 없는 모양이나 상태이며,

색色이라 지칭할 수 있는 주된 바탕으로서 모양이나 상태가 달리 있는 것이 아니라네. 본래 어지럽게 흩어진 공空 또한 공空이라 지칭할 수 있는 주된 바탕으로서의 모양이나 상태가 달리 있는 것이 아니라네. 그러므로 본래 어지럽게 흩어진 공空의 주된 바탕이 되는 모양이나 상태란 허공에 허깨비처럼 피어나는 꽃과 같다네. 이렇듯 색色이 어지럽게 흩어진 공空과 다르지 않으며, 어지럽게 흩어진 공空이 색色과 다르지 않기 때문에 색色이 그냥 공空이며, 공空이 그냥 색色이라네.

: 수상행식受想行識**도 역부여시**亦復如是**하니**

또한 선천적先天的인 심법心法으로서의 사온四蘊, 곧 수상행식受想行識도 또한 이와 같은 것이니,

: 시제법공상是諸法空相**은**

일체 모든 법法이 본래 어지럽게 흩어진 공空한 것으로서 참으로 마주 대하여 드러난 일체 모든 법法의 모양이나 상태는

: 불생불멸不生不滅 **불구부정**不垢不淨 **부증불감**不增不減**이라네.**

본래 생生하지 않았으니 멸滅하지 않고 티끌에 물들지 않았으니 깨끗이 할 것이 아니며, 모자람이나 부족함 없이 두루 원만한 것이었으니 늘고 줄어드는 것이 아니라네.

: 후천적後天的**인 색법**色法

안이비설신의眼耳鼻舌身意의 육근六根과 색성향미촉법色聲香味觸法의 육진六塵과 안식이식비식설식신식의식眼識耳識鼻識舌識身識意識의 육식六識, 곧 18계十八界를 이른다네. 이는 이 몸이 태어난 뒤에 얻게 된 성질性質로서 몸과 마음을 다한 노력으로 바꾸어 갈 수 있는 모양이나 상태를 이른다네. 그러나 18문十八門, 18계十八界 그 하나

하나에 고집스럽게 집착하면서 규칙을 세워 '나'라는 물건의 법我法이 되기 때문에 색법色法이라 이름 한 것이라네. 짧다면 짧고 길 다면 긴 삶을 살아가면서 이 18문 +八門, 18계+八界를 쌓고 또 쌓으면서 거듭하는 모양이나 상태를 드러내기 때문에 색온色蘊이라 이른 것이라네. 그리고 이 색온色蘊에 의지해서 마주 대하여 드러난 모든 모양이나 상태를 종류에 따라 나누어 가름 짓은 법法을 색법色法이라고 이르는 것이네.

: 선천적先天的인 심법心法

수상행식受想行識의 사온四蘊을 이르는 것으로 이 몸이 태어날 때부터 가지고 있는 성질을 말하며, 지수화풍地水火風, 견見, 식識, 공空을 뜻한다네. 곧 수受는 지수화풍地水火風을 이르고, 상想은 견見, 행行은 식識, 식識은 어지럽게 흩어진 공空을 이른다네. 육근六根, 육진六塵, 육식六識의 18계+八界를 바탕으로 한 의식意識을 6식六識이라 이르고 수受의 지수화풍地水火風이 7식七識, 상想의 견見이 8식八識, 행行의 식識이 9식九識이라네. 사온四蘊 식識의 어지럽게 흩어진 공空이란 색불이공色不異空 공불이색空不異色 색즉시공色卽是空 공즉시색空卽是色의 색色을 가리켜 일컬을 수 있는 마주 대하여 드러난 모양이나 상태를 이른다네.

18계+八界를 바탕으로 한 6식六識은 개개인의 노력 여하에 따라 변화變化시킬 수 있음을 의미한다네.

7식七識으로서 수受의 지수화풍地水火風은 인연의 대상으로서 육근六根, 육진六塵, 육식六識의 18계와 마주 대하여 드러나는 모양이나 상태를 마음에 받아들이는 일이라네. 여기서 지地는 O형을 이르고 수水는 AB형을 이르며, 화火는 A형을 이르고 풍風은 B형을 이르네. 때문에 선천적으로 타고난 성질로서 각각 4대마다 마음으로 받아들이는 모양이나 상태가 다르고 의지하고 따르는 바가 다른 것이라네. 이는 누대累代로부터 윤회輪回하면서 지금까지 쌓아 온 기질氣質을 의미하는 것이라네. 그러므로 수受의 지수화풍地水火風이란 생사윤회生死輪回하면서 목숨을 유지維持해 나가는 네 가지 형질形質의 피와 기운氣運이 상생相生, 상극相剋, 상비相比하고 이합집산離合集散하면서 수레바퀴와 같이 끝없이 돌고 도는 것을 의미한다네. 이를 지륜地輪, 수륜水輪, 화륜火輪, 풍륜風輪이라 이름 붙여 이른 것이라네.

8식八識으로서 상想의 견見은 마주 대하여 드러난 수受의 모양이나 상태를 적극적積極的으로 능히 보면서 온전하게 들여다보고能見 제각각 차이를 두면서 드러나는 모양이나 상태를 취하는 것이라네. 이는 번뇌의 바탕이 되는 무명無明이 있게 된 사유事由가 된다네. 이로 인하여 깨닫지 못한 것이 일어나서 볼 수도 있고 드러내어 나타낼 수도 있으며, 마땅한 경계境界를 가질 수도 있다네. 그러므로 꼬리를 물고 일어나는 생각이 늘 뒤를 따라 이어 가므로 말이나 행동, 그리고 마주 대하여 드러난 모양이나 상태를 분명하게 깨달아 안다는 일체의 작용作用이 일어난다네. 때문에 여기에는 성스럽고 위대한 모습과 더럽고 추한 모습들이 함께 공존共存하는 것이라네. 이 8식八識을 아뢰야식阿賴耶識이라 이름 붙여 부른다네.

9식九識으로서 행行의 식識은 일체 모든 것을 구별 짓고 나누어 밝히면서 드러나는 모양이나 상태를 거듭 쌓고 쌓는 것을 이른다네. 곧 스스로의 몸身과 입口과 뜻意으로 짓은 선악善惡의 업業을 이르며, 이러한 행行으로 인하여 이루어진 모양이나 상태를 의미한다네. 곧 앞으로 다가올 삶에 지대한 영향을 미칠 수 있는 일체의 업식業識을 가리키는 것이라네. 이미 밝다면 밝게 아는 일이 이루어졌음에도 식識이라고 한 것은 서로 구별 짓고 나눌 수 있기 때문이며, 서로 구별 짓고 나누어 밝히면서 아는 것을 식識이라 하고 서로 구별 지어 나눔이 없는 것을 참으로 아는 일知이라 한다네. 이 9식九識을 암마라식菴摩羅識이란 이름으로 부른다네.

사온四蘊 식識의 어지럽게 흩어진 공空은 색불이공色不異空 공불이색空不異色 색즉시공色即是空 공즉시색空即是色의 색色을 가리켜 일컬을 수 있는 주된 바탕으로서 마주 대하여 드러난 모양이나 상태를 이른다네. 그러므로 구별 짓고 나누어 밝히더라도 색色과 어지럽게 흩어진 공空에 물들거나 집착함이 없는 것을 이르며, 허물이 없다는 것이네. 곧 자세하고 명확한 분별력分別力, 곧 깨우침을 깨달아 아는 참된 지혜

로 색법色法과 심법心法이 모두 다 어지럽게 흩어진 공空한 것임을 인지認知한다는 의
미라네.

이르기를 "무불무無不無 불무불不無不"이라. 없다 해도 본래 없는 것이 아
니며, 아니라 해도 본래 아닌 것도 없다네.

제2장

일규
一 竅

일규一竅, 곧 인위적이거나 꾸밈이 없고 사려분별을 떠난 맑고 깨끗한 참된 터, 막힘이나 걸림이 없이 통함을 부르는 이름이니, 무엇을 두고 이렇게 이르는가?

　육근六根, 육진六塵, 육식六識의 18계十八界와 지地, 수水, 화火, 풍風, 견見, 식識, 공空이라는 7대七大로 인因하여 어지럽게 흐트러진 마음을 완전하게 없애 버리고 18계十八界와 7대七大, 이 25문二十五門이 참으로 안정되게 머무는 마음자리의 터正定를 이르는 것이 이 참된 터라네. 그리고 이 참된 터가 무수無數 무량無量한 길을 닦아 나아가는 지고지순至高至純한 자리라는 것이네.

　이 참된 터正定를 알지 못한다면 더할 나위 없이 올곧은 길에서 한없이 아득해지는 것이니, 과연 어디 어느 곳에서 시작할 수 있겠는가? 밝은 스승이 아니면 참으로 안정된 마음자리의 터를 알지 못한다 하였다네. 또한 실체實體가 없는 어지럽게 흩어진 공空을 깊이 살피고 깨우침을 깨달아 아는 일의 실체般若波羅密도 또한 이곳을 떠나지 못하며, 과거나 현재, 미래에 걸림이 없이 진리를 직관直觀할 수 있는 참다운 터禪定라네.

　이 참된 터는 본래 생하지 않았으니 멸하지 않고不生不滅 티끌에 물들지 않았으니 깨끗이 할 것이 없으며不垢不淨, 모자람이나 부족함 없이 두루 원만한 것이었으니 늘고 줄어드는 물건이 아니라네不增不減. 곧 일체의 사사로운 견해를 벗어난 참된 본바탕의 이치이며, 늘 변화가 없이 영원히 존재하는 참된 것眞空妙有이라네. 굳이 이 참된 터의 크기를 따지자면 밖이라할 수 있는 것이 없고 그 작기를 따지자면 안이라고 할 만한 것도 없다네.25문二十五門, 57과五十七果, 일천칠백공안一千七百公案, 팔만사천법문八萬四千法文 등 일체 모든 법과 일체 모든 불보살이 이 하나의 터에 있는 것이며,이것이니 저것이니 일러 말하는 삼라만상森羅萬象의 모든 성품도 또한 이하나의 터에 있는 것이라네. 이 하나의 참다운 터를 알지 못하고 닦고 행하는 자, 또 깨우침을 얻었다고 스스로 드러내는 자는 한쪽으로 크게 치우친 사람이라고 이른다네.

본래 안과 밖, 위와 아래, 동서남북東西南北이 있었던 것은 아니지 않는가. 안이라 이르는 것이나 밖이라 이르는 것, 또 위라 하거나 아래라 하는것, 그리고 동서남북이라 함은 본래부터 이 참된 하나의 터에서는 이름조차 얻지 못하고 있었다네. 물론 25문二十五門, 57과五十七果, 일천칠백공안一千七百公案, 팔만사천법문八萬四千法文 등, 일체 모든 법法과 일체 모든 불보살佛菩薩 또한 이 하나의 터에서 이렇다 저렇다 이를만한 이름도 얻지 못하고 있었다네. 그런데 어찌된 연유緣由로 인하여, '참입네', '거짓입네' 말로만흉내를 내면서 한쪽으로 치우친 자의 말만을 믿고 안과 밖, 위와 아래, 동서남북이라는 인식認識에 빠져서 그 오랜 세월을 허비하고 있었는가.

이 몸이 태어나기 전, 그때 마주 대하여 드러난 바탕으로서의 이렇다 저렇다 할 나라는 모양이나 상태가 있었던가? 아니면 이름이 있었던가? 이것도 저것도 아니라면 '나'라고 할 만한 몸이 있었던가? 그리고 끝끝내 넋이 흩어지는 날에는 이미 이 몸이 사라진 뒤의 일이 아니던가. 그때 마주대하여 드러난 바탕으로서의 이렇다 저렇다 할 나라는 모양이나 상태가있겠는가? 아니면 이름이 있겠는가? 태어나기 전이나 넋이 흩어진 이 두곳에 몸이 없는데, 어찌된 까닭으로 지금 이 중간에 크게 치우쳐 '나'라는것에 혹해서 이를 떨쳐내지 못하고 코뚜레에 멍에까지 짊어진 채 마냥 끌려 다니고 있는가.

몸과 마음의 갈피를 잡아 가다듬은 일이란, 마땅히 지켜야 할 지극한 행동규범戒, 곧 25문二十五門, 57과五十七果, 일천칠백공안一千七百公案, 팔만사천법문八萬四千法文 등 일체 모든 법法과 일체 모든 불보살이 되는 것이고 이 일체 모든 법法과 일체 모든 불보살佛菩薩로 인하여 참된 터의 고요함에 머무는 바가定 일어나는 것이라네. 이렇듯 일체 모든 법과 일체 모든 불보살이 이 참된 터에 고요하게 머무는 바로 인하여, 맑고 깨끗한 참된 지혜智慧가 생기는 것이라네. 그러므로 마땅히 지켜야 할 행동규범戒과 고요함에 머무는 바定와 사물의 이치를 밝게 밝히는 마르지 않은 참된 지혜乾慧地를 더하거나 덜함이 없이 고르게 통하여 환하게 알아야만, 막힘이나 걸림이 없는 미묘한 열매妙果, 곧 깨우침의 과果를 두루 원만하게 얻을 수 있는 것이라네.

이름을 붙여 부르길 마음이라는 물건이 하나 있으니, 어느 누구나 지니고 있는 지극히 평등平等한 것이라네.

만일 '마음'이라 이름 붙인 이 물건에 색깔이 있고 또 하얀색이라면 마주 대하여 드러난 모양이나 상태를 무슨 색으로 보겠는가? 물론 모든 것을 하얀색으로 볼 것이 아닌가. 그러나 마음이라 이름 붙인 물건 하나가 오만 가지 색으로 구별 짓고 나누어 밝히면서 하나씩 하나씩 이름을 붙이지 않던가. 이렇듯 25문二十五門, 57과五十七果, 일천칠백공안一千七百公案, 팔만사천법문八萬四千法文 등 일체 모든 법法과 일체 모든 불보살佛菩薩 또한 이러한 것이라네.

만일 마음이라 이름 붙인 이 물건에 모양이 있어서 동그랗다면 이 세상을 마주 대하여 드러난 모든 모양이나 상태를 동그랗게 볼 것이 아닌가. 그러나 마음이라 이름 붙인 물건 하나가 수백만 가지의 모양이나 상태로 구별 짓고 나누어 밝히면서 하나하나에 제각각 이름을 붙이지 않던가. 이렇듯 25문二十五門, 57과五十七果, 일천칠백공안一千七百公案, 팔만사천법문八萬四千法文 등 일체 모든 법法과 일체 모든 불보살佛菩薩 또한 이러한 것이라네.

만일 마음이라 이름 붙인 이 물건에 크기가 있어서 그 크기가 간장 종지만 하다면 마주 대하여 드러난 모양이나 상태로서의 이 세상을 볼 때 어떤 크기로 보겠는가. 물론 간장 종지 만하게 보겠지만, 마음이라 이름 붙인 물건 하나가 강가의 모래알같이 수억만 가지의 크기로 구별 짓고 나누어 밝히면서 이를 수 있는 곳곳마다 이름을 붙이지 않던가. 이렇듯 25문二十五門, 57과五十七果, 일천칠백공안一千七百公案, 팔만사천법문八萬四千法文 등 일체 모든 법과 일체 모든 불보살佛菩薩, 그리고 깨달아 아는 일 또한 이러한 것이라네. 때문에 이 한 물건을 마음이라 이름 붙이고 지극히 미묘하고도 비밀스러운 물건이라 이르며, 늘 항상 변함이 없이 머무는 물건이라네. 마음이라 이름 붙인 깨우침의 성품이란, 본래 생生하지 않았으니 멸滅하지 않고 티끌에 물들지 않았으니 깨끗이 할 것이 아니며, 모자람이나 부족함 없이 두루 원만한 것이니 늘고 줄어드는 것이 아니라네.

깨우침을 깨달아 아는 온전한 지혜인 반야바라밀般若波羅密을 바탕으로 깊이 들여다보면, 25문二十五門, 57과五十七果, 일천칠백공안一千七百公案, 팔만사천법문八萬四千法文 등 일체 모든 법法과 일체 모든 불보살佛菩薩 또한 빌려 쓴 이름이라네. 이러한 까닭으로 마주 대하여 드러난 모든 모양이나 상태, 이름이란 본래 어지럽게 흩어진 공空한 것임을 비추어 보아서 일체의 고통과 재앙, 생로병사生老病死의 괴로움에서 벗어나는 것이라네. 그러므로 일규一竅란 어지럽게 흩어진 공空의 본래 바탕으로서 단 하나라도 인위적人爲的이거나 꾸밈이 없는 모양이나 상태를 이르는 것이고 또 일규一竅라 콕 집어 드러낼 수 있는 주된 바탕으로서의 모양이나 상태가 달리 있는 것이 아니라네. 또한 이를 두고 어지럽게 흩어진 공空이라 콕 집어 드러낼 수 있는 주된 바탕으로서의 모양이나 상태가 달리 있는 것도 아니라네. 그러므로 어지럽게 흩어진 공空이라 콕 집어 드러낼 수 있는 주된 바탕의 모양이나 상태란 허공虛空에 피는 꽃과 같은 것이라네. 이렇듯 일규一竅가 어지럽게 흩어진 공空과 다르지 않고 어지럽게 흩어진 공空이 일규一竅와 다르지 않기 때문에 일규一竅가 그냥 어지럽게 흩어진 공空이고 어지럽게 흩어진 공空이 그냥 일규一竅라네. 25문二十五門, 57과五十七果 일천칠백공안一千七百公案, 팔만사천법문八萬四千法文 등 일체 모든 법과 일체 모든 불보살佛菩薩 또한 이러한 것이라네. 이렇듯 모든 법法과 일체 모든 불보살佛菩薩은 본래 어지럽게 흩어진 공空한 것으로서 참으로 드러난 모양이나 상태는 본래 생生하지 않았으니 멸滅하지 않고 티끌에 물들지 않았으니 깨끗이 할 것이 아니며, 모자람이나 부족함 없이 두루 원만한 것이었으니 늘고 줄어드는 것이 아니라네. 이것이 바로 예나 지금을 통해 한결같고도 둘이 아닌 큰 길이라네.

이르기를 "무불무無不無 불무불不無不"이라. 없다 해도 본래 없는 것이 아니며, 아니라 해도 본래 아닌 것도 없다네.

제3장

총규
總竅

25문二十五門, 57과五十七果, 일천칠백공안一千七百公案, 팔만사천법문八萬四千法文 등 일체 모든 법법法과 일체 모든 불보살佛菩薩을 지극히 바른 뜻으로 세워서 마음을 다스리고 닦고 행하여 나아갈 마음자리의 터, 이것이 곧 더할 나위 없는 '하나뿐인 전체로서의 참된 터總竅'라네. 공부를 하고자 하는 이나 공부를 하고 있는 이들에게 필요에 따라 수만 가지로 제각각 이름이 붙여지고 불려 지지만, 그 모든 것이 다 이 '하나뿐인 전체로서의 참된 터總竅'를 이른다네. 모든 수행자修行者들이 이 '하나뿐인 전체로서의 참된 터總竅'를 밝히지 못하고 아무리 몸과 마음을 다해 닦고 행하면서 깨우침을 얻고자한다면 만에 하나라도 절대 얻을 수가 없다네.

이 도道는, 곧 '하나뿐인 전체로서의 참된 터總竅'로 향하는 길道은 헤아릴 수 없이 깊고도 미묘한 까닭으로 알기가 어렵다네. 이 미묘한 '하나뿐인 전체로서의 참된 터總竅', 그 깊고 미묘한 법법法을 얻지 못한다면 깨우침을 깨달아 아는 온전한 지혜를 끝끝내 이루지 못할 것이라네. 그러면 온 세월이 다하도록 그대에게 25문二十五門, 57과五十七果, 일천칠백공안一千七百公案, 팔만사천법문八萬四千法文 등 일체 모든 법법法과 일체 모든 불보살佛菩薩을 배가 터지게 먹인다 하더라도 어지럽게 흩어진 헛되고 망령된 것空亡에 떨어질 뿐이라네.

'하나뿐인 전체로서의 참된 터總竅', '참다운 마음자리의 터'를 알지 못하면서 닦고 행하여 나아가는 일을 소경이나 애꾸눈으로 닦고 행하는 것이라 이른다네. 이렇게 닦고 행하여 나아간다면 일생을 헛되게 보낼 수밖에 없다네.

'하나뿐인 전체로서의 참된 터總竅', 이것은 25문二十五門, 57과五十七果, 일천칠백공안一千七百公案, 팔만사천법문八萬四千法文 등 일체 모든 법法과 일체 모든 불보살佛菩薩이 말로써 가르침을 준 것 외에 달리 별도로 전해 주는 것이 있음을 의미하는 것이며, 다른 여타의 법法에서는 매우 듣기가 어렵다는 것이네. 이러한 까닭으로 몸과 마음을 다한 정성과 지극한 덕德을 다하면 반드시 밝은 스승이 이끌어 줄 것이라네.

'하나뿐인 전체로서의 참된 터總竅'를 바탕으로 공부를 마친 이거나 하고 있는 중이거나, 또 모든 이들이 다 함께 이로부터 말미암기 때문에 들어가는 문門은 단 하나라고 이른 것이라네. 또한 '하나뿐인 전체로서의 참된 터總竅'를 바탕으로 헤아릴 수 없이 깊고도 미묘한 청정한 마음자리의 터에 이르게 되므로 '길道'이라고 말한 것이라네.

'하나뿐인 전체로서의 참된 터總竅'는 옛날이나 지금이나 영리하고 비상한 재주가 있더라도 얻을 수 있는 것이 아니며, 또 깊이 생각한다고 하여 얻을 수 있는 것이 아니라네. '하나뿐인 전체로서의 참된 터總竅'는 반드시 들어야만 알 수가 있는 것이라네. 이러한 까닭으로 사람들이 서로 의지하며 살아가는 이 세상에서는 듣기가 어렵다고 한 것이 바로 '하나뿐인 전체로서의 참된 터總竅'를 이른다네.

텅 비어 아무것도 없는 것과 같은 '하나뿐인 전체로서의 참된 터總竅'에 하늘天과 땅地, 불타佛陀와 중생衆生, 극락極樂과 지옥地獄, 인간人間과 축생畜生이 모두 다 이 가운데서 함께 놀고 있다네. 이 헤아릴 수 없이 깊고도 미묘한 터를 막힘이나 걸림이 없이 환하게 통하고자 하는 것이 바로 자네가 하고자 하는 공부가 아니던가.

다시 말하지만 비밀스런 가르침의 미묘한 문, 곧 총지문總持門은 25문二十五門, 57과五十七果, 일천칠백공안一千七百公案, 팔만사천법문八萬四千法文 등 일체 모든 법法과 일체 모든 불보살佛菩薩로도 다 하기 어려운 것이니, 깨우친 이가 도道를 전하는 일에 있어서도 '하나뿐인 전체로서의 참된 터總竅' 가운데로 했다네.

이름도 없고 드러난 모양이나 상태로서 마주 대할 것이 없으면서 우주에 존재하는 온갖 것의 실체實體로 지극히 현실적現實的이며, 평등平等하고 차별이 없는 절대 진리眞如라는 물건이 예로부터 지금까지 '참된 터'에 가득 차 있었네. 그러나 이치에 어긋나는 망령된 생각이 일어나면 참된 바탕의 성품本性이 변하여 바뀌게 되고 이 본바탕의 성품이 변하여 바뀌게 되면 눈, 귀, 코, 혀, 몸, 뜻의 여섯 가지가 받아들여 아는 일이 마음을 어지럽히는 도둑이 되어 사물의 이치에 어두워지는 것이라네. 이 마음자리의 터가 흔들리면 이 몸이 주인을 잃고 생로병사生老病死의 고통에 떨어질 것이라네. 다만 이 '하나뿐인 전체로서의 참된 터總竅' 가운데 단 한 물건도 없게 된다면 내가 있거나 내가 없음을 닦지 않더라도 이것이 참다운 공부라네.

행심반야바라밀다 시에 조견오온개공하여 도일체고액이라
行深般若波羅密多 時 照見五蘊皆空 渡一切苦厄

색불이공 공불이색 색즉시공 공즉시색이라네 수상행식 도
色不異空 空不異色 色卽是空 空卽是色 受想行識

역부여시하니 시제법공상은 불생불멸 불구부정 부증불감
亦復如是 是諸法空相 不生不滅 不垢不淨 不增不減

이라네.

시고로 공중무색이라 무수상행식이니 무안이비설신의며
是故 空中無色 無受想行識 無眼耳鼻舌身意

무색성향미촉법이고 무안계내지무의식계이니 무무명역무무명진이
無色聲香味觸法 無眼界乃至無意識界 無無明亦無無明盡

며 내지무노사역무노사진이며 무고집멸도이니 무지라
乃至無老死亦無老死盡 無苦集滅道 無智

역무득이무소득이라네.
亦無得以無所得

고로 보리살타는 의반야바라밀다하니 심무가애무가애고로
故 菩提薩埵 依般若波羅密多 心無罣碍無罣碍故

무유공포라 원리전도몽상하고 구경열반하는 것이니 삼세제불도
無有恐怖 遠離顚倒夢想 究竟涅槃 三世諸佛

의반야바라밀다고로 득아뇩다라삼먁삼보리시니라 고지해야 하는
依般若波羅密多故 得阿耨多羅三藐三菩提 故知

것이니 반야바라밀다가 시대신주이며 시대명주이며 시무상주이며
般若波羅密多 是大神呪 是大明呪 是無上呪

시무등등주이니 능제일체고이며 진실불허라 고로
是無等等呪 能除一切苦 眞實不虛 故

설반야바라밀다주하니 즉설주왈이라 아제 아제 바라아제
說般若波羅密多呪 卽說呪曰 揭諦 揭諦 婆羅揭諦

바라승아제 모지 사바하.
婆羅僧揭諦 菩提 娑婆訶

: **행심반야바라밀다**行深般若波羅密多 **시時에**

　　막힘이나 걸림이 없이 두루 원만하면서 밝고 환하게 통하는 깊고도 비밀스러운 지혜智慧, 곧 깨우침을 깨달아 아는 온전한 지혜인 반야바라밀般若波羅密을 바탕으로 세상사를 깊이 들여다보니,

: 조견오온개공照見五蘊皆空**하여**

육근六根 육진六塵 육식六識으로 서로 구별 짓고 나누어 밝히는 후천적後天的인 색법色法으로서의 색온色蘊과 선천적先天的인 심법心法으로서의 사온四蘊은 거짓으로 이루어진 모양이나 상태이며, 또한 잠시 빌려 쓴 거짓된 이름이라네. 이러한 까닭으로 마주 대하여 드러난 모든 모양이나 상태, 이름이란 본래 어지럽게 흩어진 공空한 것임을 비추어 보아서

: 도일체고액渡一切苦厄**이라**

일체 모든 고통과 재앙, 괴로움에서 벗어나는 것이라네.

: 색불이공色不異空 **공불이색**空不異色 **색즉시공**色即是空 **공즉시색**空即是色**이라네**

그러므로 후천적後天的인 색법色法으로서의 색色이란 어지럽게 흩어진 공空의 본래 바탕으로서 일점 하나라도 인위적人爲的이거나 꾸밈이 없는 모양이나 상태이며, 색色이라 지칭할 수 있는 주된 바탕으로서 모양이나 상태가 달리 있는 것이 아니라네. 어지럽게 흩어진 공空 또한 공空이라 지칭할 수 있는 주된 바탕으로서의 모양이나 상태가 달리 있는 것이 아니라네. 그러므로 어지럽게 흩어진 공空의 주된 바탕이 되는 모양이나 상태란 허공에 허깨비처럼 피어나는 꽃과 같다네. 이렇듯 색色이 공空과 다르지 않으며, 공空이 색色과 다르지 않기 때문에 색色이 그냥 공空이며, 공空이 그냥 색色이라네.

: 수상행식受想行識**도 역부여시**亦復如是**하니**

또한 선천적先天的인 심법心法으로서의 사온四蘊, 곧 수상행식受想行識도 또한 이와 같은 것이니,

: **시제법공상**是諸法空相**은**

　　일체 모든 법法이 본래 어지럽게 흩어진 공쭈한 것으로서 참으로 마주 대하여 드
러난 일체 모든 법法의 모양이나 상태는

: **불생불멸**不生不滅 **불구부정**不垢不淨 **부증불감**不增不減**이라네**

　　본래 생生하지 않았으니 멸滅하지 않고 티끌에 물들지 않았으니 깨끗이 할 것이
아니며, 모자람이나 부족함 없이 두루 원만한 것이니 늘고 줄어드는 것이 아니라네.

: **시고**是故**로 공중무색**空中無色**이라 무수상행식**無受想行識**이니**

　　이러한 까닭으로 참된 터總竅가 실질적으로 드러난 모양이나 상태에서는 색色이
라 이른 드러난 모양이나 상태 또한 없는 것이라네. 그러므로 수상행식受想行識이라
는 심법心法 또한 없는 것이니, 사물의 이치에 어두워 어리석다는 무명無明이라는 것
또한 드러난 모양이나 상태, 이름 따위도 없는 것이라네.

: **무안이비설신의**無眼耳鼻舌身意**며**

　　사물의 이치에 어두워 번뇌의 뿌리가 되는 육근六根, 곧 안이비설신의眼耳鼻舌身意
도 없으며,

: **무색성향미촉법**無色聲香味觸法**이고**

　　사물의 이치에 어두워 번뇌의 뿌리가 되는 육근六根이 없으니, 티끌 같은 번뇌인
육진六塵, 곧 색성향미촉법色聲香味觸法도 없고

: **무안계내지무의식계**無眼界乃至無意識界**이니 무무명역무무명진**無無明亦無無明盡**이며**

　　사물의 이치에 어두워 번뇌의 뿌리가 되는 육근六根과 티끌 같은 번뇌인 육진六塵
이 이미 없으니, 평면적平面的으로 아는 일知로서 수數와 양量의 경계境界가 되는 안식

계眼識界로부터 이식계耳識界, 비식계鼻識界, 설식계舌識界, 신식계身識界도 없고 공간적空間的으로 능히 아는 일智로서의 의식계意識界도 없는 것이라네. 때문에 사물의 이치에 어두워 어리석다는 무명無明이란 것은 애당초 바탕이 되는 바 드러낼 만한 티끌 같은 모양이나 상태가 없는 것이고 사물의 이치에 어둡다거나 밝다거나 할 것도 없으며,

: 내지무노사역무노사진乃至無老死亦無老死盡이며

이미 공간적空間的으로 능히 아는 일智로서의 의식계意識界도 없다는 것으로부터 무명無明이란 것은 애당초 사물의 이치에 어둡다거나 밝다거나 할 것도 없다고 이른 것과 같이 늙어서 죽은 일도 없으니, 애당초 늙어서 죽음에 이른다거나 없다거나 할 것도 없으며,

: 무고집멸도無苦集滅道이니

생노병사生老病死의 네 가지 고통과 사랑하는 이와 헤어지는 고통, 구하여도 얻지 못하는 고통, 원수나 미워하는 사람과 만나는 고통, 색수상행식色受想行識이 성한 고통도 없고 이 고통의 원인이 되는 번뇌 덩어리도 없으며, 이 번뇌 덩어리에서 벗어난 열반도 없으며, 깨달음의 경지에 이르는 방법으로서 팔정도八正道, 곧 실천 수행하는 여덟 가지 참된 덕목인 정견正見, 정어正語, 정업正業, 정명正命, 정념正念, 정정正定, 정사유正思惟, 정정진正精進도 없는 것이니,

: 무지無智라 역무득이무소득亦無得以無所得이라네

색수상행식色受想行識의 색법色法과 심법心法의 범부지凡夫智도 없으며, 간혜乾慧, 십신十信, 십주十住, 십행十行, 십회향十回向, 난온위煖溫位, 정상위頂上位, 인내지忍耐地, 세제일지世第一地, 십지十地, 금강혜金剛慧, 등각等覺이라는 인연법因緣法의 연각지緣覺智도 없다네. 그리고 고집멸도苦集滅道 사제법四諦法의 성문지聲聞智로서 팔만사천법문八萬四千法文 등 인연因緣으로 말미암아 일어나는 일체 유위법有爲法으로서 번뇌로 가득

찬 유루지有漏智란, 꿈과 허깨비처럼 덧없고 물거품과 그림자와 같아서 허망虛妄한 것이라네. 이렇듯 인연으로 말미암아 일어나는 일체 모든 유위법有爲法으로서의 티끌로 가득한 유루지有漏智란 없으며, 때문에 깨달아 얻을 것도 없고 깨우침을 깨달아 아는 바도 없는 것이라네.

: 고故로 보리살타菩提薩埵는 의반야바라밀다依般若波羅密多하니

이러한 까닭으로 일체 마주 대하여 드러난 모양이나 상태로서 이치에 어두운 무명無明을 밝게 하고 깨달음의 성품을 보면서 불법佛法을 열어 중생을 인도하는 자는, 반야바라밀般若波羅密, 곧 인위적人爲的이거나 꾸밈이 없는 무위법無爲法의 무루지無漏智로써 열반涅槃에 이르게 하는 완전한 지혜智慧로서의 반야바라밀般若波羅密에 의지하는 까닭으로

: 심무가애무가애고心無罣碍無罣碍故로

마음이 일체 모든 유위법有爲法으로서의 티끌로 가득한 유루有漏, 곧 티끌과도 같은 번뇌로 인하여 막힘이나 걸림이 없고 막힘이나 걸림이 없는 까닭으로

: 무유공포無有恐怖라 원리전도몽상遠離顚倒夢想하고 구경열반究竟涅槃하는 것이니

사물의 이치에 어두운 마음으로서는 피하기 어려운 죽음이라는 재앙, 이 죽음이라는 공포가 없어지는 것이라네. 그리고 실현성實現性이 없는 꿈같이 허황한 생각에 엎어지고 넘어지면서 거꾸로 뒤바뀌는 일로부터 멀리 벗어나고 마땅히 머물 바에 머무는 참다운 마음자리의 터에 마침내 이르는 것이니,

: 삼세제불三世諸佛도 의반야바라밀다고依般若波羅密多故로 득아뇩다라삼먁삼보리得阿耨多羅三藐三菩提시니라

과거, 현재, 미래의 모든 부처도 인위적人爲的이거나 꾸밈이 없는 무위법無爲法의

무루지無漏智로써 열반涅槃에 이르게 하는 완전한 지혜智慧인 반야바라밀般若波羅密,
곧 금강혜金剛慧에 의지하여 수행修行하고 더할 나위 없이 위없는 최상의 깨우침을
증득證得하시니라.

: 고지故知해야 하는 것이니

그러므로 알아야 하는 것이니,

: 반야바라밀다般若波羅密多가

인위적人爲的이거나 꾸밈이 없는 무위법無爲法의 무루지無漏智로써 열반涅槃에 이르
게 하는 밝고 깨끗한 지혜로서의 반야바라다般若波羅密가

: 시대신주是大神呪이며

마지막 깨우침까지 이루고 취하는 미묘하면서도, 말로 나타낼 수도 없고 마음으
로 헤아릴 수도 없는 오묘한 가르침이며,

: 시대명주是大明呪이며

25문二十五門, 57과五十七果, 일천칠백공안一千七百公案, 팔만사천법문八萬四千法文 등
일체 모든 법과 마주 대하여 드러난 모양이나 상태로서 참된 마음자리의 터로 깨
달아 들어가게 하는 것이며, 육근六根, 육진六塵, 육식六識, 지地, 수水, 화火, 풍風, 견見,
식識, 공空의 미혹迷惑함을 끊어 버리고 더할 나위 없이 위없는 깨달음을 드러내어
밝히는 것이라네.

: 시무상주是無上呪이며

팔만사천법문八萬四千法文을 제각각 하나하나씩 보배로운 구슬로 드러내는 일보
다 더할 나위 없는 법法이며, 일천칠백공안一千七百公案을 올바르게 세워서 참되게 밝

히는 일보다 더할 나위 없는 법法이고, 57과五十七果의 차례를 따라 묘각妙覺에 이르
게 하는 일보다 더할 나위 없는 법法이며, 25계二十五界의 허망함을 되돌려 참되게
만드는 일보다 더할 나위 없는 법法으로서

: 시무등등주是無等等呪이니

견줄 바 없는 최상의 총지摠持, 곧 모든 법法을 지니어 가지는 참된 말眞言이니,

: 능제일체고能除一切苦이며 진실불허眞實不虛라

이렇듯 선신해후수행先信解後修行, 곧 먼저 믿음과 이해를 바탕으로 수행修行하는
일이 탄탄해지고 견줄 바 없는 반야바라밀般若波羅密에 머물면 모든 고통으로부터
벗어나는 것이며, 마주 대하여 드러난 일체의 헛되고 망령된 모양이나 상태를 떠난
지혜智慧로서 인위적人爲的으로 꾸미거나 지어내지 않은 있는 그대로의 모양이나 상
태라네.

: 고故로 설반야바라밀다주說般若波羅密多呪하니

이러한 까닭으로 반야바라밀다般若波羅密多가 참된 깨우침을 드러내는 지혜智慧의
모양이나 상태로써 깨우침을 깨달아 아는 일을 벗어난 것이며, 구분 짓고 나누어
밝힐 도道가 없는 자리에 이르는 짧은 법法을 설하니,

: 즉설주왈卽說呪曰이라

이것이 곧 반야바라밀다般若波羅密多의 화두話頭이며 공안公案이라네.

: 아제揭諦 아제揭諦 바라아제婆羅揭諦 바라승아제婆羅僧揭諦 모지菩提 사바하娑婆訶

반야바라밀다般若波羅密多의 진언眞言은 드러난 그대로 견줄 바 없는 최상의 총지
摠持로서 모든 법法을 지니어 가지는 참된 말眞言이니, 이 반야바라밀다주般若波羅密多

呪가 있는 그대로 반야바라밀다般若波羅密多의 직접적인 원인因이 되고 또 그에 따르는 결과果가 되는 것임을 깨달아서 알아야 할 가장 긴요한 일이라네.

25문二十五門, 57과五十七果, 일천칠백공안一千七百公案, 팔만사천법문八萬四千法文 등 일체 모든 법법과 일체 모든 불보살佛菩薩을 마주 대하여 드러난 모양이나 상태로서의 경계境界가 있지 않음을 보는 일이 즉 참된 성품을 보는 것이며, 이 참된 성품眞如을 보는 것이 즉 깨우침을 깨달아 아는 일을 벗어난 일이라네.

선수후신해先修後信解의 수修는 불신不信과 바탕이 없이 중구난방衆口難防으로 널뛰는 수修이며, 선신해후수先信解後修의 수修는 25문二十五門, 57과五十七果, 일천칠백공안一千七百公案, 팔만사천법문八萬四千法文 등 일체 모든 법법과 일체 모든 불보살佛菩薩을 믿고信 또 이해解를 바탕으로 티끌만 한 경계境界가 없는 참된 성품을 보고見性 난 후에 이 깨우침을 바탕으로 한 수행이 참된 수행修行이라 할 수 있다네. 이렇듯 선오후수先悟後修, 곧 먼저 깨달은 후에 수행修行을 해야, 이 수행이 오수悟修이며, 선수후오先修後悟라면, 곧 먼저 수행을 하고 깨우침을 득得하는 일이라면, 이 수행修行은 미혹迷惑한 수修이며 미혹한 깨우침이 아니겠는가.

수행하는 법에 있어서 참선參禪이나 관법觀法, 또 경經의 구절을 읽거나 진언을 읊거나, 그 방법에 있어서는 수많은 차이를 보이지만, 미혹함과 깨달음의 경계境界는 두 개의 맑은 거울이 마주 대하여 드러난 모양이나 상태와 같다네.

수증료의修證了義라 하였으니, 증證이란 선오후수先悟後修하여 깨우침의 증거로서 이 몸身, 곧 25문二十五門을 통해 마주 대하여 맑게 드러난 모양이나 상태를 이르는 것이며, 요의了義란 마음이라 이름 붙인 한 물건이, 곧 '하나뿐인 전체로서의 참된 터總竅'로서 일체 모든 법법을 마주 대하여 드러난 모양이나 상태로서의 경계境界가 없는 마땅한 깨우침을 깨달아 알고 끝마친 일을 이르는 것이라네.

'반야바라밀般若波羅密'은 25문二十五門, 57과五十七果, 일천칠백공안一千七百公案, 팔만사천법문八萬四千法文 등 일체 모든 법法과 일체 모든 불보살佛菩薩의 참됨을 드러내고 그 맑고 깨끗한 빛으로 온 세상을 비추어 모든 사람이 더할 나위 없는 깨달음의 실체實體를 보게 한다네. 또한 도타운 사랑의 빛으로 늘 참다운 마음자리에 마땅히 있으나, 잘못이나 허물에 휩싸인 이들은 모두가 눈만 멀뚱히 뜨고서는 오랜 세월 고개만 갸웃거리고 있는 것이라네.

더할 나위 없이 위없는 깨달음의 공功과 덕德은 수數와 양量으로 헤아릴 수 있는 것이 아니니, 여러 개의 몸이 하나의 몸이 되고 하나의 몸이 여러 개의 몸이 되어서 이 세상을 마주 대하여 응하고 풀어 가는 일에 있어 막힘이나 걸림이 없으며, 말로서 표현表現할 수 없는 미묘한 일이 허공虛空과 같다네.

온 적도 없으며 가는 일도 없는 것을, 나지도 않고 멸하지도 않은 이 일을 예나 지금이나 구별 짓고 나누어 밝힐 수 있는 이가 누구이겠는가. 더할 나위 없는 최상의 깨달음을 얻은 이의 빛과 같이 깨우침의 법法도 그러한 것이라네. 어제도 오늘도 또 내일도 없는 것이거늘, 운 좋게도 스스로의 성품이라 할 만한 물건이 없는 것을 잠시라도 알게 된다면, '하나뿐인 전체로서의 참된 터總竅' 이 마음자리를 깨달아 얻어 의심이 없어질 것이라네.

끝없는 세월을 보내고 또 보내도 그러한 참된 마음자리의 울림을 만날 수 없는 것이니, 혹시라도 그러한 마음자리의 울림을 만난다면, 이는 깨우침을 깨달아 얻은 이의 크나큰 구원救援이라네. 이는 지혜智慧에서 생기지 않고 지혜가 아닌 것에서도 생기지 않는 일이지만, 모든 참다운 법을 헤아려 분명하게 알고 어리석은 마음에 빛을 비춰 준다네. 빛이 있네. 빛이 없네. 이 둘이 없는 것 같지도 않듯이 지혜나 어리석음도 또한 이러한 것이고 나고 죽은 일과 나고 죽은 일을 떠난 이 두 가지 또한 헛되고 망령된 것이라네. 곧 생각이 있거나 생각이 없거나 이 둘은 참된 것이 아니라네.

처음의 마음이 나중의 마음과 같지 않듯이, 눈, 귀, 코, 혀, 몸, 뜻의 여섯 가지가 아는 일이 서로 다르지 않던가. 그러나 '전체로서의 참된 터總竅', 이 마음자리가 하나이듯이 이 참된 터의 지혜, 곧 '반야바라밀般若波羅密'는 모든 번뇌를 없애 버린다네.

천千이다. 만萬이다. 억億이다. 셈하는 법法은 많지만, 하나씩 덧붙여서 천이 되고 만이 되고 억이 되는 것이 아니던가. 헤아릴 수 없이 많더라도 근본 바탕으로서의 계산법은 하나뿐이지 않던가. 이를 두고 사람들이 제 나름의 생각대로 많다거나 적다고 떠들어만 댄다네. 이 허공이나 저 허공이나 서로 다르지 않건만, 사람들이 동서남북東西南北이라고 이름 지어 부른다네. 이렇듯 구별 짓고 나누어 밝히면서 헛되고 망령되게 지어진 이름에 고집이 생기면 깨달음을 얻기에는 멀고도 멀다네.

마음이 빛이 아니고 빛 또한 마음이 아니라네. 마음을 떠나서는 드러나는 색깔이 없고 드러난 색깔을 떠나서는 마음도 없는 것이라네. 마음도 변하는 것이거늘 어찌 알 수 있겠는가. 마음은 그림을 그리는 자와 같아서 오만가지 드러난 모양이나 상태를 그려 내듯이, 이 세상에 존재하는 온갖 마주 대하여 드러난 사물은 모두 다 마음으로 지어진 것이라네. 마음이 그러하듯 깨달음의 열매도 그러하고 깨달음을 얻은 이가 그러하듯 중생도 또한 그러하다네. 마음이나 중생이나 깨달음을 얻은 이나, 이 세 가지가 조금도 다르지가 않다네. 곧 마음이 몸이 아니고 몸이 마음이 아니지만, 모든 드러난 일들을 제 마음대로 할 수 있다 한다네. 이 세상에서 깨우침을 얻으려는 이는 '하나뿐인 전체로서의 참된 터總竅', 이 마음자리가 깨달음의 달콤한 열매인 것을 알아야 한다네.

　허공은 텅 비어 깨끗하고 드러난 모양이나 상태가 없으니, 물건을 의지해야 볼 수가 있다네. 그 허공 가운데 온갖 모양이나 상태가 드러나도 그 성품을 우리가 볼 수 없듯이 너와 나의 깜냥으로는 알 수가 없으며, 이 세상 누구라도 깨우침의 본바탕이 드러내는 모양이나 상태를 보지 못한다네. 깨달음의 음성을 듣기는 한다지만, 들리는 소리가 본래부터 깨우침을 깨달아 아는 일의 열매가 아니며, 소리를 여의고서는 깨우침을 깨달아 아는 일의 열매 또한 없는 것이니, 이 이치를 분명하게 구별 짓고 나누어서 밝힐 참다운 이가 누구이겠는가.

　이르기를 "무불무無不無 불무불不無不"이라. 없다 해도 본래 없는 것이 아니며, 아니라 해도 본래 아닌 것도 없다네.

제4장

육근을
六　根
비추어 보면

1. 안근眼根

본다는 성품性品이 제아무리 환하게 통하는 것이라 하더라도 앞만 밝게 볼 수 있을 뿐이지 뒤는 전혀 밝지가 못하다네. 또한 마주 대하여 드러난 모양이나 상태로서의 동서남북東西南北은 뒤돌아 볼 수 있지만, 인식認識 작용作用으로서 사유思惟의 세계는 찰나刹那에 불과할 뿐이라네. 이러한 까닭으로 안근眼根으로는 두루 원만하고 막힘이나 걸림이 없으며, 밝고 환하게 통하는 것을 얻을 수 없는 것이라네.

2. 비근鼻根

코로 숨을 쉬는 일은 숨이 들어오고 나가는 일에 있어서 서로 걸림이 없이 통하지 않던가. 또한 그대와 내가 서로 마주 대하여 드러나 보이는 앞에서는 서로가 엇갈리면서 숨을 주거니 받거니 할 수 있지 않던가. 그러나 만물萬物이 나고 자랄 수 있는 생육生育의 본바탕을 지니고 있지는 못하다네. 또한 생사生死로 갈라지고 흩어지는 상태를 보면 삶과 죽음이 코로 들어오고 나가는 일에 있어서 너와 내가 서로 얽히는 일이 절대 없지 않던가. 이러한 까닭으로 비근鼻根으로는 두루 원만하고 막힘이나 걸림이 없으며, 밝고 환하게 통하는 것을 얻을 수가 없다네.

3. 설근舌根

혀로서 마주 대하여 무엇인가를 받아들이고 아는 일에 있어서는 아무런 까닭이나 이유가 없이 받아들이고 아는 일이 아니라네. 맛을 통해야만 알 수가 있는 것이니, 맛을 내는 그 무언가가 없다면 혀로서 아는 일은 없다네. 이러한 까닭으로 설근舌根으로는 두루 원만하고 막힘이나 걸림이 없으며, 밝고 환하게 통하는 것을 얻을 수 없다네.

4. 신근身根

몸이란 따지고 보면 만지거나 맞닿아 느끼며 아는 일에 있어서 마주 대하여 드러난 바탕으로서의 모양이나 상태와 같은 것일 뿐이라네. 25문二十五門, 57과五十七果, 일천칠백공안一千七百公案, 팔만사천법문八萬四千法文 등 일체 모든 법法의 깨우침을 보고 또 깨우침을 깨달아 아는 일, 그리고 생각 따위를 담을 수 있는 참된 그릇은 아니라네. 더하여 이 몸과 마주 대하여 드러난 모양이나 상태를 보면 안과 밖이라는 정해진 경계境界가 분명하게 있어서 서로가 어울리지를 못하지 않던가. 이러한 까닭으로 신근身根으로는 두루 원만하고 막힘이나 걸림이 없으며, 밝고 환하게 통하는 것을 얻을 수가 없다네.

5. 의근意根

뜻이나 생각, 아는 일로서 쌓아 가는 업식業識은 잡다한 생각이나 어리석은 생각들이 뒤섞여서 밝은 지혜를 어둡게 가린다네. 그러기 때문에 사물의 바른 이치에 어긋나는 헛된 생각이나 망령된 생각에서 벗어나지를 못한다네. 이러한 까닭으로 의근意根으로는 두루 원만하고 막힘이나 걸림이 없으며, 밝고 환하게 통하는 것을 얻을 수 없다네.

제5장

육진을
六 塵
비추어 보면

1. 색진色塵

색色과 마주 대하여 드러난 모양이나 상태에서 비롯된 티끌 같은 번뇌色塵는, 사물의 올바른 이치에 어긋나는 망령된 생각이 맺거나 합해서 이루어진 것이 아니던가. 이렇게 이루어진 색진色塵은 몸과 마음을 다한 정성精誠으로도 뚫을 수가 없다네. 똑똑하면서 뛰어난 기억력과 사물의 올바른 이치에 어두운 무명無明, 이 두 가지로는 두루 원만하고 막힘이나 걸림이 없으며, 밝고 환하게 통하는 것을 얻을 수가 없다네.

2. 성진聲塵

목구멍으로부터 나오는 소리聲塵는 생각이나 느낌을 전달하는 데 쓰이는 것으로서 복잡하게 뒤섞인 음성音聲이나 문자文字가 아니던가. 음성이나 문자는 단지 마주 대하여 드러난 모양이나 상태의 이름을 나타내는 것이며, 한 토막의 글월이나 글자로 의미意味를 드러내는 것이 아니던가. 단한마디의 말이나 단 한 글자에 일체 모든 것을 쓸어 담을 수 있거나, 모든 것을 다 넣어 가질 수는 없는 것이 아닌가. 그러므로 성진聲塵으로는 두루원만하고 막힘이나 걸림이 없으며, 밝고 환하게 통하는 것을 얻을 수가 없다네.

3. 향진香塵

향기와 마주 대하여 드러난 모양이나 상태로서의 티끌 같은 번뇌香塵는 코 속에서 어울려야만 알 수 있는 일이지 않던가. 향기가 코를 떠나면, 향기와 마주 대하여 드러난 모양이나 상태로서의 티끌 같은 번뇌香塵는 본래 처음부터 있었던 것이 아니라네. 이렇듯 변화무쌍變化無雙한 향진香塵으로는 두루 원만하고 막힘이나 걸림이 없으며, 밝고 환하게 통하는 것을 얻을 수가 없다네.

4. 미진味塵

맛을 볼 수 있는 드러난 모양이나 상태란 본래 있는 것이 아니라네. 혀로 마주 대하여 드러난 맛을 볼 수 있을 때만 있는 것이 아니던가. 이렇듯 늘 항상 치 않은 맛을 느끼고 아는 일의 미진味塵으로는 두루 원만하고 막힘이나 걸림이 없으며, 밝고 환하게 통하는 것을 얻을 수가 없다네.

5. 촉진觸塵

서로 맞닿아 일어나는 느낌이란, 마주 대하여 드러난 사물의 모양이나 상태로 인하여 밝혀지는 것이고 마주 대하여 드러나는 사물의 모양이나 상태가 없다면 밝힐 수가 없을 것이 아닌가. 서로가 서로 어울리는 일과 서로가 서로를 떠나는 일을 보면, 드러난 모양이나 상태가 한결같지가 않다네. 그러므로 드러난 모양이나 상태가 한결같지 않은 촉진觸塵으로는 두루 원만하고 막힘이나 걸림이 없으며, 밝고 환하게 통하는 것을 얻을 수가 없다네.

6. 법진法塵

법法이란 안으로부터의 티끌 같은 번뇌內塵라고 이른다네. 법法이 안으로부터의 티끌 같은 번뇌로 인하여 있는 일이라면, 반드시 머물 곳이 있을 것이 아닌가. 그렇다면 마주 대하여 드러난 모양이나 상태로서 안에서의 적극적積極的인 것能과 마주 대하여 드러난 모양이나 상태로서 밖에서의 소극적消極的인 것所은 서로가 널리 통할 수 있는 것이 아니라네. 그러므로 안과 밖이 서로 통하지 못하는 법진法塵으로는 두루 원만하고 막힘이나 걸림이 없으며, 밝고 환하게 통하는 것을 얻을 수가 없다네.

제6장

육근 중
六 根
이근을 비추어 보면
耳 根

참된 가르침을 받을 수 있는 근본이 되는 바탕敎體은 허물이나 번뇌가 없이 맑고 깨끗한 가르침을 듣는 일에 있는 것이라네. 뒤를 따라 일어나는 잡다한 생각을 버리고 마음을 가다듬어 한곳에 머물게 하며, 움직이거나 흩어지지 않는 '하나뿐인 전체로서의 참된 터'를 얻고자 한다면, 사실 듣는 가운데로 따라 들어가야 할 것이라네. 참된 것이란, 큰북을 치면 천지 사방天地四方에서 모두 함께 한때一時에 듣는 것과 같은 것이라네. 이것이 곧 '여시아문如是我聞 일시一時'를 이른다네. 이는 2,500년 전이나 지금이나 깨우침을 깨달아 아는 일로서의 온전한 지혜인 반야바라밀般若波羅密을 바탕으로 해서 '여시아문如是我聞'이라 한 것이며, 참된 깨우침이란 2,500년 전이나 지금이나 늘 항상 하므로 '일시一時'라 이른 것이라네. 이는 전혀 모남이 없이 두루 원만한 것이며, 정녕 거짓 없이 바르고 참된 것이라네.

 눈이란 담장 밖의 것을 보지 못하며, 입과 코 또한 경계境界가 있지 않던가. 또 몸은 맞닿아서 맺거나 합해져야만 비로소 아는 일이 있으며, 마음과 생각은 뒤섞이고 또 어수선한 까닭으로 깨우침을 깨달아 아는 일의 차례나 갈피를 잡을 수가 없다네. 그러나 담장이 가리고 있더라도 담장 밖의 소리를 듣는다네. 곧 시공간적視空間的으로 멀거나 가깝거나 모두 다 듣지를 않던가. 안眼, 비鼻, 설舌, 신身, 의意가 모든 것을 다 능숙하게 잘하지는 못하지만, 막힘이나 걸림이 없이 두루 원만하게 통하는 일로서 거짓이 없고 또 바르면서 참된 것이라네.

사람들이 산山, 하河, 대지大地에 의지하며 살아가는 이 세상에서는 소리의 참된 뜻과 참되게 아는 일, 곧 25문二十五門, 57과五十七果, 일천칠백공안一千七百公案, 팔만사천법문八萬四千法文 등 일체 모든 법法과 일체 모든 불보살의 참된 뜻과 아는 일이란 서로가 주고받는 다음에야 밝힐 수가 있지 않던가. 사람들이 본래의 듣는 일은 알지 못하고 25문二十五門, 57과五十七果, 일천칠백공안一千七百公案, 팔만사천법문八萬四千法文 등 일체 모든 법과 일체 모든 불보살에 따르는 하나하나의 소리만을 따라가는 까닭으로 쉼 없이 흐르고 또 바뀌게 되는 것이 아니던가. 25문二十五門, 57과五十七果, 일천칠백공안一千七百公案, 팔만사천법문八萬四千法文 등 일체 모든 법과 일체 모든 불보살에 따르는 하나하나의 소리를 사람들이 오래토록 분명하게 잘 기억한다 하더라도 마침내는 바른 이치에서 어긋날 것이며, 교묘하게 속이는 생각에 떨어지는 일을 피하지 못할 것이라네. 이 일을 두고 '밝지 못한 것에 빠져서 헤어나지 못함을 따르는 것'이라고 변명하지는 말게나.

목구멍으로 내는 소리는 그 성품性品에 있어서 움직임動과 고요함靜이 있지 않던가. 이러한 까닭으로 듣는 가운데서 있음有과 없음無이 이루어지는 것이라네. 소리가 없으면 "들리지 않는다."라고 할 뿐이지, 듣는 성품이 없다는 것은 아니라네. 때문에 소리가 없더라도靜 없어진 것滅이 아니며, 소리가 있더라도動 생겨난 것生이 아니라네. 생겨남과 없어짐을 모두 다 벗어난 것이니, 늘 끊이지 않고 항상 하며, 거짓 없이 바르고 참된 것이라네. 비록 지금 꿈을 꾸고 있는 중이거나 생각을 하지 않는다고 해서 없는 것이 아니라네. 그러므로 무상무념無想無念이라 이르는 것은 헛된 망상妄想일 뿐이라네. 그러므로 깨우침을 깨달아 아는 일의 일정한 원리原理에 의지하여 주의 깊게 비추어 보아서 몸과 마음을 다해 이루어진 일은 생각이나 뜻 소리나 글자에서 벗어난 것이기에 그 어떠한 것으로도 미칠 수가 없는 것이라네.

생각이나 말이나 글로서 미루어 헤아릴 수 없는 '더할 나위 없는 참된 터'에 대해 말하고자 한다네. 깨우친 모든 이들이 베풀어 말한 일체 비밀스러운 모든 법문法文을 들었다고는 하나, 많이들은 것만을 쌓고 쌓아서 크나큰 잘못이나 허물이 되었다네. 곧 25문二十五門, 57과五十七果, 일천칠백공안一千七百公案, 팔만사천법문八萬四千法文 등 일체 모든 법과 일체 모든 불보살에 대해 많이들은 것만을 지니어 가지고서 입버릇처럼 '깨달음의 참된 법을 지킨다네.'라고 한다네. 어찌해서 스스로가 들음을 듣는 일의 참된 성품을 알지 못하는가.

들는 일이란, 본래 자연自然으로부터 생긴 것이 아니고 25문二十五門, 57과五十七果, 일천칠백공안一千七百公案, 팔만사천법문八萬四千法文 등 일체 모든 법法과 일체 모든 불보살에 대한 글과 소리로 인하여 그 이름이 있게 된 것이 아니던가. 반드시 들음을 듣는 일을 되돌려 25문二十五門, 57과五十七果, 일천칠백공안一千七百公案, 팔만사천법문八萬四千法文 등 일체 모든 법과 일체 모든 불보살의 글과 소리라는 굴레에서 참으로 벗어나 온갖 번뇌煩惱로 인한 고통이나 근심이 없이 편하게 되면, 이를 무엇이라 이름 붙일 수 있겠는가. 이렇듯 하나의 뿌리一根가 되는 바탕이, 본래 마주 대하여 드러난 사물의 모양이나 상태가 비롯되는 본바탕의 처음으로 돌아가면 안眼, 이耳, 비鼻, 설舌, 신身, 의意, 즉 육근六根이 모질고 거친 굴레에서 벗어남을 반드시 이룰 것이라네.

이렇듯 보고 듣고 맡고 맛보고 느끼고 생각하는 일이란 허깨비와 같은 것이라네, 사람들이 살아가는 세계가 허공에 피는 꽃과 같지 않은가. 25문二十五門, 57과五十七果, 일천칠백공안一千七百公案, 팔만사천법문八萬四千法文 등 일체 모든 법과 일체 모든 불보살을 보고 듣고 맡고 맛보고 느끼고 생각하는 일이 참으로 밝게 되어 비롯됨이 없는 본바탕의 허물없는 모양이나 상태로 되돌리면, 깨우침을 깨달아 아는 일이 맑고 깨끗해질 것이라네.

깨우침을 깨달아 아는 맑은 것이 더할 나위 없이 극진極盡하면 밝은 빛, 곧 깨우침을 깨달아 아는 일로서의 온전한 지혜인 반야바라밀般若波羅密의 밝은 빛이 25문二十五門, 57과五十七果, 일천칠백공안一千七百公案, 팔만사천법문八萬四千法文 등 일체 모든 법과 일체 모든 불보살에 대해 막힘이나 걸림이 없이 환하게 통하는 까닭으로 고요하게 비추는 일이 무수無數, 무량無量한 허공虛空을 머금는다네. 누구나 할 것 없이 꿈속이었거늘, 어느 누가 자네와 같이 생긴 모양이나 상태로 그 바탕이 되는 몸뚱이에 깨우침을 깨달아 아는 일, 곧 반야바라밀般若波羅密를 머물게 할 수 있겠는가. 꼭 중요한 점을 들어 이르자면, 25문二十五門, 57과五十七果, 일천칠백공안一千七百公案, 팔만사천법문八萬四千法文 등 일체 모든 법法과 일체 모든 불보살의 바탕이 되는 바가 움직임을 보이더라도 '참된 법의 바탕이 되는 뿌리' 하나만을 가려내는 일에 달린 것이라네. 이 '참된 법의 바탕이 되는 뿌리'를 디디고 서서 움직이거나 흐트러지지 않게 하면 속임수로 이루어진 모든 것이 없어질 것이라네. 때문에 안眼, 이耳, 비鼻, 설舌, 신身, 의意, 즉 육근六根도 이와 같은 것이라네, 본래는 '참된 법의 바탕이 되는 뿌리'는 하나로서 밝고 올바른 것이었으나, 제각각 나뉘어서 이 여섯 가지가 서로 맺거나 합하는 것이라네. 육근六根 중 한 곳이라도 사물이 비롯되는 본바탕, 곧 '참된 법의 바탕이 되는 뿌리'와 같이 밝은 모양이나 상태가 되면 이 육근이 짓고 만드는 모든 작용作用이 이루어지지 않는다네. 그러면 25문二十五門, 57과五十七果, 일천칠백공안一千七百公案, 팔만사천법문八萬四千法文 등 일체 모든 법과 일체 모든 불보살과 티끌과도 같은 번뇌와 허물 따위가 생각을 마주 대하여 드러나는 모양이나 상태로서 서로 응해서 없어지고 두루 원만하게 밝아지면서 맑고 미묘하게 될 것이라네. 남아 있는 티끌이야 모두 배워서 없애야 하겠지만, 밝음으로 비추는 일, 곧 반야바라밀般若波羅密로 비춰 보는 일에 몸과 마음을 다한 정성을 드리면 이 사람을 곧 깨우친 자라 이를 수 있다네.

들을 수 있는 이들은 모두 다 들어야 하는 것이니, 듣는 일을 돌이켜 스스로의 성품을 들으면, 더할 나위 없이 위없는 도無上道를 이룰 수 있을 것이라네. 이것이 바로 아주 작지만 완숙한 깨달음의 한 길로 번뇌煩惱에서 벗어난 경지이며, '하나뿐인 전체로서의 참된 터'로 들어가는 문門이라네. 과거에 깨우친 모든 이들도 '하나뿐인 전체로서의 참된 터'에 의지하여 목적한 바를 이루었으며, 현재 깨달음을 얻은 이들도 제각각 두루 원만하게 이 문門으로 들어갔다네. 또한 앞으로 공부하려는 이들도 마땅히 이 '참된 터'를 의지해야 할 것이라네.

정녕 번뇌를 벗어난 '청정한 마음자리의 터'를 이루고자 한다면, 들음을 듣는 일보다 더한 것이 없으며, 깨우침을 깨달아 아는 일로서의 온전한 지혜인 반야바라밀般若波羅密보다 더한 것은 없다네. 그 외 나머지는 방편方便으로서 영원히 닦아야 할 배움이라네. 얕거나 깊거나, 작거나 크거나, 한량限量이 있거나 없거나 함부로 전할 법法은 아니라네.

들어가는 문門의 머리, 곧 반야바라밀般若波羅密과 말아 내린 구멍의 꼬리, 곧 25문二十五門, 57과五十七果, 일천칠백공안一千七百公案, 팔만사천법문八萬四千法文 등 일체 모든 법과 일체 모든 불보살의 그림자로서 마주 대하여 드러낸 모양이나 상태가 몇 천 가지로 다르다는 것을 알았더라도 무수無數무량無量함은 아직 이르지 못하였다네.

마음에서 마음으로 전하는 법法을 곧바로 가리킨 것은 비밀스러운 뜻密意이 깊은 것이니, 본래 성품도 아니고 본래 참다운 마음자리의 터도 아니라네.

이르기를 "무불무無不無 불무불不無不"이라. 없다 해도 본래 없는 것이 아니며, 아니라 해도 본래 아닌 것도 없다네.

제7장

육식을
六 識
비추어 보면

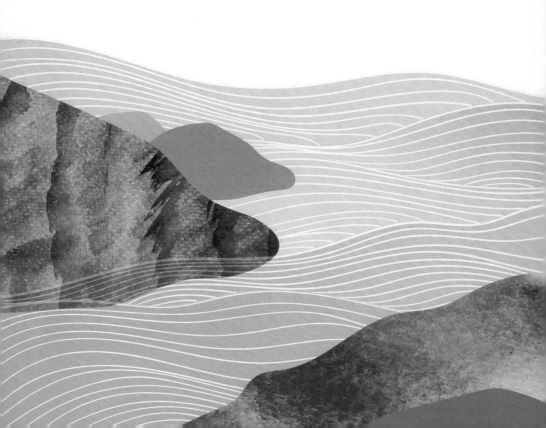

1. 안식계眼識界

마주 대하여 드러난 사물의 모양이나 상태를 서로 구별 지으면서 나누어 밝히고 또 이를 통해 아는 일識見이란, 첫째 기본적基本的인 바탕이 되는 것으로 마주 대하여 드러난 모양이나 상태로서의 안이비설신의眼耳鼻舌身意라는 뿌리根와 둘째 마주 대하여 드러난 모양이나 상태로서의 색성향미촉법色聲香味觸法이라는 경계境와 셋째 마주 대하여 드러난 사물의 모양이나 상태를 서로 구별 지으면서 나누어 밝히는 일로서의 안식이식비식설식신식의식眼識耳識鼻識舌識身識意識이라는 식계識界, 이 세 가지가 맺거나 합해서 뒤섞인 것이라네. 이렇듯 아는 일이 비롯되는 그 바탕을 따지고 들어가 보면, 마주 대하여 드러난 바탕으로서의 모양이나 상태는 아닌 것이라네. 그렇다면 사실 아는 일로서 드러난 모양이나 상태란 애당초 정해진 것은 없는 것이 아닌가. 그러므로 마주 대하여 드러난 사물의 모양이나 상태를 서로 구별 지으면서 나누어 밝히고 또 이렇게 아는 일識見로는 두루 원만하고 막힘이나 걸림이 없으며, 밝고 환하게 통하는 것을 얻을 수는 없다네.

2. 이식계耳識界

마음으로 두루두루 환하게 통하면서 듣는 일心聞이 막힘이나 걸림이 없이 무한한 세계로 통할 수 있는 것은 아주 큰 인연因緣의 힘, 곧 팔만사천법문八萬四千法文을 설하신 이의 인연으로 생긴 것이라네. 처음 마음을 일으킨 일初心로는 들어갈 수 없으며, 인연이 있더라도 또 몸과 마음을 다한 정성을 들일지라도 가까이 할 수 없는 마음자리라네. 25문二十五門, 57과五十七果, 일천칠백공안一千七百公案, 팔만사천법문八萬四千法文 등 일체 모든 법法과 일체 모든 불보살佛菩薩을 듣는 일로는 두루 원만하고 막힘이나 걸림이 없으며, 밝고 환하게 통하는 것을 얻을 수는 없다네.

3. 비식계鼻識界

향기를 맡은 후에 일어나는 생각이나 또 아는 일이란, 맡은 종류와 마주 대하여 드러난 향기의 상태로서 주가 되는 바를 코가 권하는 것이 아닌가. 이는 곧 향기를 단순하게 마음으로 붙들고 또 머물게 하는 것이라네. 이렇듯 머물게 하는 일이 곧 아는 일, 그냥 향기가 머물 곳을 이룬 것일 뿐, 달리 이렇다 저렇다 할 인연因緣이 있겠는가. 그러므로 단순한 마음으로 붙들고 또 머물게 한 향기로 아는 일로는 두루 원만하고 막힘이나 걸림이 없으며, 밝고 환하게 통하는 것을 얻을 수는 없다네.

4. 설식계舌識界

입으로 25문二十五門, 57과五十七果, 일천칠백공안一千七百公案, 팔만사천법문八萬四千法文 등 일체 모든 법法과 일체 모든 불보살佛菩薩을 말하면서도 목구멍으로부터 나오는 음성이나 글월을 바탕 없이 놀리는 것은 아는 일識見을 가지고 깨우쳤다 이르는 자라네. 마주 대하여 드러난 사물의 모양이나 상태를 나타내는 이름과 또 한 토막의 음성이나 글월은 사실 잡다한 생각이며, 더하여 번뇌煩惱가 따르지 않던가. 이렇듯 25문二十五門, 57과五十七果, 일천칠백공안一千七百公案, 팔만사천법문八萬四千法文 등 일체 모든 법法과 일체 모든 불보살을 바탕이 없이 놀리면서 아는 일을 가지고 깨우쳤다 이르는 일로는 두루 원만하고 막힘이나 걸림이 없으며, 밝고 환하게 통하는 것을 얻을 수는 없다네.

5. 신식계身識界

마땅히 지켜야 할 행동규범戒律이라고 이르면서 끝끝내 어기지 않는다는 것은, 이는 단지 자신의 몸 하나만을 다잡고 보살피는 일일 뿐이라네. 제 몸이 아니라면 몸과 마음을 다한 정성과 주의를 기울여 다잡고 보살필 것이 없는 것이라네. 이 몸 하나가 일체 모든 것에 두루 원만하지는 못하지 않는가. 일체 모든 것에 두루 원만하지 못한 이 몸으로는 두루 원만하고 막힘이나 걸림이 없으며, 밝고 환하게 통하는 것을 얻을 수는 없다네.

6. 의식계意識界

모든 아는 일에 있어서 헤아릴 수 없이 신기하고 한량限量이 없으며, 막힘이나 걸림이 없이 환하게 통할 수 있는 일은 본래 오랜 세월을 통해 거듭해서 쌓이고 쌓인 인연因緣이라네. 이렇듯 쌓이고 쌓인 인연으로 법法을 서로 구별 짓고 나누어 밝히는 일과 깨우침을 깨달아 아는 일과 얽힐 일이 무엇이 있겠는가. 뜻이나 생각과 오랜 세월을 통해 거듭 쌓이고 쌓인 인연은 마주 대하여 드러난 세상사世上事의 모양이나 상태를 벗어나지 못하는 것이라네. 이렇듯 뜻이나 생각과 오랜 세월을 통해 거듭 쌓이고 쌓인 인연因緣의 일로써는 두루 원만하고 막힘이나 걸림이 없으며, 밝고 환하게 통하는 것을 얻을 수는 없다네.

제8장

칠대를
七 大
비추어 보면

1. 지地

만물萬物을 생육生育하는 대지大地의 타고난 큰 성품性品을 자세하게 살펴보고 주의 깊게 들여다보면, 굳어서 엉키고 또 막힘이나 걸림이 많은 까닭으로 밝거나 환하게 통하지를 못하지 않는가. 그리고 이것저것 여러 가지 인연이 맺거나 합해서 생겨나고 없어지는 일이 끊이지를 않는다네. 이것저것 여러 가지 인연이 맺거나 합해서 생겨나고 없어지는 일이 끊이지를 않는 대지의 성품이란 성인聖人의 성품이 아니지 않는가. 또한 수水, 화火, 풍風의 기운氣運을 받아 주고 거들어 주는 대지大地의 성품으로는 두루 원만하면서 막힘이나 걸림이 없으며, 밝고 환하게 통하는 것을 얻을 수는 없다네.

2. 수水

자연自然 자연自然하게 흐르는 물의 타고난 큰 성품을 자세하게 살펴보고 주의 깊게 들여다보면, 스스로의 마음속에 연이어져 흐르는 여러 가지 생각들이란, 허망함을 바탕으로 한 참된 것이 아니라네. 자연自然 자연自然한 물의 흐름을 사람들은 여여如如라 이르지만, 이는 깨우침을 깨달아 아는 일로서의 인위적人爲的인 것을 벗어난 모양이나 상태로 비춰 보고 생각하는 것覺觀은 아니라네. 곧 오만 가지 드러난 모양이나 상태를 따라 담겨지고 스며들지 않던가. 이렇듯 자연自然 자연自然한 물水의 성품으로는 두루 원만하면서 막힘이나 걸림이 없으며, 밝고 환하게 통하는 것을 얻을 수는 없다네.

3. 화火

뜨거움을 거듭 쌓고 쌓으면서 세차게 타오르는 불의 큰 성품을 자세하게 살펴보고 주의 깊게 들여다보면, 뜨겁고 차가운 것이 분명하고 선을 긋는 일에 있어서 간단명료簡單明瞭하지 않던가. 그리고 스스로의 마음속에 뜨거움과 차가움이 거듭 쌓이는 모양이나 상태를 싫어하는 것은, 스스로도 어찌 할 수 없는 일이지 않던가. 또한 분명하게 선을 긋는 일이란, 처음 마음을 일으킨 자初心者가 방편方便으로서 취할 일은 아니지 않는가. 마음속에 뜨거움과 차가움이 거듭 쌓이고 쌓인 불火의 성품으로는 두루 원만하면서 막힘이나 걸림이 없으며, 밝고 환하게 통하는 것을 얻을 수는 없다네.

4. 풍風

움직임動과 움직임이 없는 고요靜함, 이 두 가지로 드러나는 바람의 큰 성품을 자세하게 살펴보고 주의 깊게 들여다보면, 마주 대하여 드러나는 모양이나 상태가 없는 것이 아니라네. 고요함에서 일어나 움직이는 기운이 종잡을 수 없고 변화變化에 민감敏感하며, 때를 맞출 수 없는 기운이라네. 이렇듯 드러나는 바람風의 모양이나 상태를 가지고 어찌 더할 나위 없이 위없는 깨우침無上覺을 얻을 수 있겠는가. 이렇듯 종잡을 수 없는 바람의 성품風으로는 두루 원만하면서 막힘이나 걸림이 없으며, 밝고 환하게 통하는 것을 얻을 수는 없다네.

5. 견見

후천적後天的으로 혼잡하게 뒤섞이는 육근六根, 육진六塵, 육식六識 18계 十八界와 선천적先天的으로 부모父母에게 이어받는 기질이나 성품을 늘 항상 '나'라고 하는 하나의 몸에 묶어서 스스로 적극적積極的으로 능히 본다는 것能見을 의미한다네. 그렇다면 능히 보고 생각하는 성품이란 본래 생겨나고 없어지는 일이 아니던가. 또한 원인과 드러나는 결과를 보면, 지금 보고 생각하는 일이 결과로서 드러나는 일에 따라, 또 상황에 따라 오만 가지로 다르지 않던가. 이렇듯 번뇌의 바탕이 되는 무명無明, 이 무명無明이 있게 되는 견見의 성품은 깨닫지 못한 것이 일어나서 볼 수도 있으며, 나타낼 수도 있고 또 경계境界를 가질 수도 있다네. 그리고 꼬리를 물고 일어나는 생각이 항상 뒤를 따라가므로 말이나 행동, 모양이나 상태를 분명하게 깨달아 아는 일체의 작용作用을 이른다네. 이러한 견見의 성품으로는 두루 원만하면서 막힘이나 걸림이 없으며, 밝고 환하게 통하는 것을 얻을 수 없다네.

6. 식識

마주 대하여 드러나는 모양이나 상태를 깨달아 아는 일체의 작용能見, 이것을 구별 짓고 나누어 밝히는 아는 일의 큰 성품識으로 자세하게 살펴보고 주의 깊게 들여다보면, 아는 일의 바탕이 되는 성품, 곧 식성識性은 늘 머무는 것이 아니라네. 이를 마음에 붙들어 둔다는 것은 바른 이치에 어긋나고 또 매우 헛되고 망령된 일이 아니던가. 능견能見을 통해 밝게 아는 일이 이루어졌음에도 식識이라고 한 것은 서로 구별을 지어 나눌 수 있기 때문이라네. 이러한 아는 일의 성품識性으로는 두루 원만하면서 막힘이나 걸림이 없으며, 밝고 환하게 통하는 것을 얻을 수 없다네.

7. 공空

아는 일의 성품으로 마주 대하여 드러난 모든 모양이나 상태를 구별 짓고 나누어 밝히더라도 물들거나 집착함이 없음을 "허물이 없다."라고 이른다네. 이렇듯 물들거나 집착執着함이 없는 공空의 큰 성품으로 자세하게 살펴보고 주의 깊게 들여다보면, 이 공空이란 본래 어지럽게 흩어진 일이고 바른 이치에 어두운 까닭으로 57과五十七果, 일천칠백공안一千七百公案, 팔만사천법문八萬四千法文 등 일체 모든 법法과 일체 모든 불보살, 그 하나하나에 무딘 것일 뿐이라네. 그러므로 애당초 깨우침이 아니라네. 깨우침이 아니라면 맑고 밝은 지혜菩提와는 전혀 다른 것이 아니겠는가. 이러한 어지럽게 흩어진 공空의 성품으로는 두루 원만하면서 막힘이나 걸림이 없으며, 밝고 환하게 통하는 것을 얻을 수 없다네.

행심반야바라밀다 시에 조견오온개공하여 도일체고액이라
行深般若波羅密多 時   照見五蘊皆空   渡一切苦厄

색불이공 공불이색 색즉시공 공즉시색이라네 수상행식도
色不異空 空不異色 色卽是空 空卽是色   受想行識

역부여시하니 시제법공상은 불생불멸 불구부정 부증불감
亦復如是   是諸法空相   不生不滅 不垢不淨 不增不減

이라네.

시고로 공중무색이라 무수상행식이니 무안이비설신의며
是故   空中無色   無受想行識   無眼耳鼻舌身意

무색성향미촉법이고 무안계내지무의식계이니 무무명역무무명진이
無色聲香味觸法   無眼界乃至無意識界   無無明亦無無明盡

며 내지무노사역무노사진이며 무고집멸도이니 무지라
乃至無老死亦無老死盡   無苦集滅道   無智

역무득이무소득이라네.
亦無得以無所得

고로 보리살타는 의반야바라밀다하니 심무가애무가애고로
故   菩提薩埵   依般若波羅密多   心無罣碍無罣碍故

무유공포라 원리전도몽상하고 구경열반하는 것이니 삼세제불도
無有恐怖   遠離顚倒夢想   究竟涅槃   三世諸佛

의반야바라밀다고로 득아뇩다라삼먁삼보리시니라 고지해야 하는
依般若波羅密多故   得阿耨多羅三藐三菩提   故知

것이니 반야바라밀다가 시대신주이며 시대명주이며 시무상주이며
        般若波羅密多   是大神呪   是大明呪   是無上呪

시무등등주이니 능제일체고이며 진실불허라 고로
是無等等呪   能除一切苦   眞實不虛   故

설반야바라밀다주하니 즉설주왈이라 아제 아제 바라아제
說般若波羅密多呪   卽說呪曰   揭諦 揭諦 婆羅揭諦

바라승아제 모지 사바하.
婆羅僧揭諦 菩提 娑婆訶

: **행심반야바라밀다**行深般若波羅密多 **시**時**에**

　　막힘이나 걸림이 없이 두루 원만하면서 밝고 환하게 통하는 깊고도 비밀스러운

지혜智慧, 곧 깨우침을 깨달아 아는 일로서의 온전한 지혜인 반야바라밀般若波羅密多

을 바탕으로 세상사를 깊이 들여다보니,

: 조견오온개공照見五蘊皆空**하여**

　육근六根 육진六塵 육식六識으로 서로 구별 짓고 나누어 밝히는 후천적後天的인 색법色法으로서의 색온色蘊과 선천적先天的인 심법心法으로서의 사온四蘊은 거짓으로 이루어진 모양이나 상태이며, 또한 잠시 빌려 쓴 거짓된 이름이라네. 이러한 까닭으로 마주 대하여 드러난 모든 모양이나 상태, 이름이란 본래 어지럽게 흩어진 공空한 것임을 비추어 보아서

: 도일체고액渡一切苦厄**이라**

　일체 모든 고통苦痛과 재앙災殃, 괴로움에서 벗어나는 것이라네.

: 색불이공色不異空 **공불이색**空不異色 **색즉시공**色卽是空 **공즉시색**空卽是色**이라네**

　그러므로 후천적後天的인 색법色法으로서의 색色이란 어지럽게 흩어진 공空의 본래 바탕으로서 일점 하나라도 인위적人爲的이거나 꾸밈이 없는 모양이나 상태이며, 색色이라 지칭할 수 있는 주된 바탕으로서 모양이나 상태가 달리 있는 것이 아니라네. 어지럽게 흩어진 공空 또한 공空이라 지칭할 수 있는 주된 바탕으로서의 모양이나 상태가 달리 있는 것이 아니라네. 그러므로 어지럽게 흩어진 공空의 주된 바탕이 되는 모양이나 상태란 허공虛空에 허깨비처럼 피어나는 꽃과 같다네. 이렇듯 색色이 공空과 다르지 않으며, 공空이 색色과 다르지 않기 때문에 색色이 그냥 공空이며, 공空이 그냥 색色이라네.

: 수상행식受想行識**도 역부여시**亦復如是**하니**

　또한 선천적先天的인 심법心法으로서의 사온四蘊, 곧 수상행식受想行識도 또한 이와 같은 것이니,

: **시제법공상**是諸法空相은

일체 모든 법法이 본래 어지럽게 흩어진 공空한 것으로서 참으로 마주 대하여 드러난 일체 모든 법法의 모양이나 상태는

: **불생불멸**不生不滅 **불구부정**不垢不淨 **부증불감**不增不減**이라네.**

본래 생生하지 않았으니 멸滅하지 않고 티끌에 물들지 않았으니 깨끗이 할 것이 아니며, 모자람이나 부족함 없이 두루 원만한 것이니 늘고 줄어드는 것이 아니라네.

: **시고**是故**로 공중무색**空中無色**이라 무수상행식**無受想行識**이니**

이러한 까닭으로 참된 터總竅가 실질적으로 드러난 모양이나 상태에서는 색色이라 이른 드러난 모양이나 상태 또한 없는 것이라네. 그러므로 수상행식受想行識이라는 심법心法 또한 없는 것이니, 사물의 이치에 어두워 어리석다는 무명無明이라는 것 또한 드러난 모양이나 상태, 이름 따위도 없는 것이라네.

: **무안이비설신의**無眼耳鼻舌身意**며**

사물의 이치에 어두워 번뇌의 뿌리가 되는 육근六根, 곧 안이비설신의眼耳鼻舌身意도 없으며,

: **무색성향미촉법**無色聲香味觸法**이고**

사물의 이치에 어두워 번뇌의 뿌리가 되는 육근六根이 없으니, 티끌 같은 번뇌인 육진六塵, 곧 색성향미촉법色聲香味觸法도 없고

: **무안계내지무의식계**無眼界乃至無意識界**이니 무무명역무무명진**無無明亦無無明盡**이며**

사물의 이치에 어두워 번뇌의 뿌리가 되는 육근六根과 티끌 같은 번뇌인 육진六塵이 이미 없으니, 평면적平面的으로 아는 일知로서 수數와 양量의 경계境界가 되는 안식

계眼識界로부터 이식계耳識界, 비식계鼻識界, 설식계舌識界, 신식계身識界도 없고 공간적
空間的으로 능히 아는 일智로서의 의식계意識界도 없는 것이라네. 때문에 사물의 이치
에 어두워 어리석다는 무명無明이란 것은 애당초 바탕이 되는 바 드러낼 만한 티끌
같은 모양이나 상태가 없는 것이고 사물의 이치에 어둡다거나 밝다거나 할 것도 없
으며,

: 내지무노사역무노사진乃至無老死亦無老死盡이며

이미 공간적空間的으로 능히 아는 일智로서의 의식계意識界도 없다는 것으로부터
무명無明이란 것은 애당초 사물의 이치에 어둡다거나 밝다거나 할 것도 없다고 이른
것과 같이 늙어서 죽은 일도 없으니, 애당초 늙어서 죽음에 이른다거나 없다거나
할 것도 없으며,

: 무고집멸도無苦集滅道이니

생노병사生老病死의 네 가지 고통과 사랑하는 이와 헤어지는 고통, 구하려 해도
얻지 못하는 고통, 원수나 미워하는 사람과 만나는 고통, 색수상행식色受想行識이 성
한 고통도 없고 이 고통의 원인이 되는 번뇌 덩어리도 없으며, 이 번뇌 덩어리에서
벗어난 열반涅槃도 없으며, 깨달음의 경지에 이르는 방법으로서 팔정도八正道, 곧 실
천 수행하는 여덟 가지 참된 덕목인 정견正見, 정어正語, 정업正業, 정명正命, 정념正念,
정정正定, 정사유正思惟, 정정진正精進도 없는 것이니,

: 무지無智라 역무득이무소득亦無得以無所得이라네

색수상행식色受想行識의 색법色法과 심법心法의 범부지凡夫智도 없으며, 간혜乾慧, 십
신十信, 십주十住, 십행十行, 십회향十回向, 난온위煖溫位, 정상위頂上位, 인내지忍耐地, 세
제일지世第一地, 십지十地, 금강혜金剛慧, 등각等覺이라는 인연법因緣法의 연각지緣覺智도
없다네. 그리고 고집멸도苦集滅道 사체법四諦法의 성문지聲聞智로서 팔만사천법문八萬

四千法文 등 인연因緣으로 말미암아 일어나는 일체 유위법有爲法으로서 번뇌로 가득
찬 유루지有漏智란, 꿈과 허깨비처럼 덧없고 물거품과 그림자와 같아서 허망虛妄한
것이라네. 이렇듯 인연으로 말미암아 일어나는 일체 모든 유위법有爲法으로서의 티
끌로 가득한 유루지有漏智란 없으며, 때문에 깨달아 얻을 것도 없고 깨우침을 깨달
아 얻을 바도 없는 것이라네.

: **고故로 보리살타菩提薩埵는 의반야바라밀다依般若波羅密多하니**

이러한 까닭으로 일체 마주 대하여 드러난 모양이나 상태로서 이치에 어두운 무
명無明을 밝게 하고 깨달음의 성품을 보면서 불법佛法을 열어 중생을 인도하는 자는,
반야바라밀다般若波羅密多 곧 인위적人爲的이거나 꾸밈이 없는 무위법無爲法의 무루지
無漏智로써 열반涅槃에 이르게 하는 온전한 지혜智慧로서의 반야바라밀다般若波羅密多
에 의지하는 까닭으로

: **심무가애무가애고心無罣碍無罣碍故로**

마음이 일체 모든 유위법有爲法으로서의 티끌로 가득한 유루有漏, 곧 티끌과도 같
은 번뇌로 인하여 막힘이나 걸림이 없고 막힘이나 걸림이 없는 까닭으로

: **무유공포無有恐怖라 원리전도몽상遠離顚倒夢想하고 구경열반究竟涅槃하는 것이니**

사물의 이치에 어두운 마음으로서는 피하기 어려운 죽음이라는 재앙, 이 죽음이
라는 공포가 없는 것이라네. 그리고 실현성實現性이 없는 꿈같이 허황한 생각에 엎
어지고 넘어지면서 거꾸로 뒤바뀌는 일로부터 멀리 벗어나고 마땅히 머물 바에 머
무는 참다운 마음자리의 터에 마침내 이르는 것이니,

: 삼세제불三世諸佛도 의반야바라밀다고依般若波羅密多故로 득아뇩다라삼먁삼보리得
阿耨多羅三藐三菩提시니라

과거, 현재, 미래의 모든 부처도 인위적人爲的이거나 꾸밈이 없는 무위법無爲法의
무루지無漏智로써 열반涅槃에 이르게 하는 온전한 지혜智慧인 반야바라밀다般若波羅密
多, 곧 금강혜金剛慧에 의지하여 수행修行하고 더할 나위 없이 위없는 최상의 깨우침
을 증득證得하시니라.

: 고지故知해야 하는 것이니

그러므로 알아야 하는 것이니,

: 반야바라밀다般若波羅密多가

인위적人爲的이거나 꾸밈이 없는 무위법無爲法의 무루지無漏智로써 열반涅槃에 이르
게 하는 온전한 지혜로서의 반야바라밀다般若波羅密多가

: 시대신주是大神呪이며

마지막 깨우침까지 이루고 취하는 미묘하면서도, 말로 나타낼 수도 없고 마음으
로 헤아릴 수도 없는 오묘한 가르침이며,

: 시대명주是大明呪이며

25문二十五門, 57과五十七果, 일천칠백공안一千七百公案, 팔만사천법문八萬四千法文 등
일체 모든 법法과 일체 모든 불보살佛菩薩과 마주 대하여 드러난 모양이나 상태로서
참된 마음자리로 깨달아 들어가게 하는 것이며, 육근六根, 육진六塵, 육식六識, 지地,
수水, 화火, 풍風, 견見, 식識, 공空의 미혹迷惑함을 끊어 버리고 더할 나위 없이 위없는
깨달음을 드러내어 밝히는 것이며,

: **시무상주**是無上呪**이며**

팔만사천법문八萬四千法文을 제각각 하나하나씩 보배로운 구슬로 드러내는 일보다 더할 나위 없는 법法이며, 일천칠백공안一千七百公案을 올바르게 세워서 참되게 밝히는 일보다 더할 나위 없는 법法이고, 57과五十七果의 차례를 따라 묘각妙覺에 이르게 하는 일보다 더할 나위 없는 법法이며, 25계二十五界의 허망함을 되돌려 참되게 만드는 일보다 더할 나위 없는 법法으로서

: **시무등등주**是無等等呪**이니**

견줄 바 없는 최상의 총지總持, 곧 모든 법法을 지니어 가지는 참된 말眞言이니,

: **능제일체고**能除一切苦**이며 진실불허**眞實不虛**라**

이렇듯 선신해후수행先信解後修行, 곧 먼저 믿음과 이해를 바탕으로 수행修行하는 일이 탄탄해지고 견줄 바 없는 반야바라밀다般若波羅密多에 머물면 모든 고통으로부터 벗어나는 것이며, 마주 대하여 드러난 일체의 헛되고 망령된 모양이나 상태를 떠난 지혜智慧로서 인위적人爲的으로 꾸미거나 지어내지 않은 있는 그대로의 모양이나 상태라네.

: **고**故**로 설반야바라밀다주**說般若波羅密多呪**하니**

이러한 까닭으로 반야바라밀다般若波羅密多가 참된 깨우침을 드러내는 지혜智慧의 모양이나 상태로써 깨우침을 깨달아 아는 일을 벗어나, 구분 짓고 나누어 밝힐 도道가 없는 자리에 이르는 짧은 법法을 설하니,

: **즉설주왈**卽說呪曰**이라**

곧 반야바라밀다般若波羅密多가 화두話頭이며 공안公案이라네.

: 아제揭諦 아제揭諦 바라아제婆羅揭諦 바라승아제婆羅僧揭諦 모지菩提 사바하娑婆訶

반야바라밀다般若波羅密多의 진언眞言은 드러난 그대로 견줄 바 없는 최상의 총지總持로서 모든 법法을 지니어 가지는 참된 말眞言이니, 이 반야바라밀다주般若波羅密多呪가 있는 그대로 반야바라밀般若波羅密의 직접적인 인因이 되고 또 그에 따르는 과果가 되는 것임을 깨달아 알아야 할 가장 긴요한 일이라네.

제9장

간혜지,
乾 慧 地
마르지 않는
지혜의 터

깨우침을 깨달아 아는 일, 곧 반야바라밀般若波羅密로써 마주 대하여 드러난 사물의 모양이나 상태를 밝게 비추고 또 서로 맞닿아 짝하지 않는다면, 어지럽게 흩어지면서 해롭게 하는 모든 일이 끊어지고 다시는 생기지 않을 것이 아닌가. 또한 57과五十七果, 일천칠백공안一千七百公案, 팔만사천법문八萬四千法文 등 일체 모든 법法과 일체 모든 불보살佛菩薩 등, 하나하나 한 분 한 분을 밝게 비추어서 집착하는 일이 그저 허망한 것임을 알게 되어 순수한 지혜만이 남을 것이라네. 이렇듯 깨우침을 깨달아 아는 지혜의 성품이 밝고 두루 원만해지는 까닭으로 지혜가 더 이상 마르지 않는 것을 이른다네. 이 마르지 않는 지혜의 터를 간혜지乾慧地라 부른다네.

　25문二十五門, 57과五十七果, 일천칠백공안一千七百公案, 팔만사천법문八萬四千法文 등 일체 모든 법法의 참됨을 아는 온전한 지혜智慧인 반야바라밀般若波羅密, 그 오묘함이란 생각으로서 헤아려 알기가 어려운 것이라네. 깨우침을 깨달아 아는 일로서 '참된 마음자리의 터', '하나뿐인 전체로서의 참된 터', 그 무수無數 무량無量한 바다에서 어느 한때一時에 문득 알게 될 것이라네. 마주 대하여 드러난 모양이나 상태로서 보이지 않거나 나타나거나 늘 한결같은 '참된 마음자리의 터'에 머무는 것이라네. 이는 안과 밖을 밝게 비춰 주는 빛으로서 모두 다 참된 믿음의 힘이라네.
　25문二十五門, 57과五十七果, 일천칠백공안一千七百公案, 팔만사천법문八萬

四千法文 등 일체 모든 법法의 참됨을 아는 온전한 지혜智慧인 반야바라밀般若波羅密은 작지도 크지도 않지만, 무수無數 무량無量한 시공간時空間을 밝은 지혜로 빠짐없이 비춰 주는 것이라네. 찾을 때는 마주 대하여 드러난 모양이나 상태로서의 이렇다 저렇다 할 물건도 자취도 없지만, 서거나 앉거나 누울 때를 가리지 않고 늘 환한 것이라네.

깨달은 이가 일찍이 듣는 귀와 보는 눈을 밝게는 하였으나, 참되게 이루어지는 것이 없더니, 곧 육근六根을 바탕으로 마주 대하여 드러난 얽어맨 모양이나 상태로서 허송세월虛送歲月하다가 무심無心한 가운데 문득 깨우침을 깨달아 아는 일로서의 반야바라밀般若波羅密을 지금 얻었다네. 볼 수 있거나 들을 수 있는 일이란 사실 따지고 보면 모두 거짓이 아니던가. 깨우친 이가 문득 얻은 반야바라밀般若波羅密을 보배로운 구슬이라 비유하고 가리키니, 이를 취하려는 많은 사람들이 따스한 봄날 깊은 연못에 빠지고 만다네. 그러니까 육근六根으로 얽매인 유수有數 유량有量한 돌덩이를 어찌 보배로운 구슬로 삼으려고 하는가.

삼라만상森羅萬象이 밝은 빛 속에서 나타나니, 바탕이 되는 몸體인 반야바라밀般若波羅密과 쓰임새用인 25문二十五門, 57과五十七果, 일천칠백공안一千七百公案, 팔만사천법문八萬四千法文 등 일체 모든 법法이 여여如如하여 굴려도 구르지를 않는다네. 이렇듯 수만 가지 긴요한 것들을 끊어 버리니, 일체 모든 시공간時空間을 통해 모든 것이 미묘하고도 자세한 방편일 뿐이었다네.

눈, 귀, 코, 혀, 몸, 뜻, 이 여섯의 어두움을 없애 버리고 25문二十五門, 57과五十七果, 일천칠백공안一千七百公案, 팔만사천법문八萬四千法文 등 일체 모든 법法과 일체 모든 불보살佛菩薩의 그림자를 지우고 '나'라는 바탕의 드러난 모양이나 상태를 뽑아 버리고 늘 뒤를 따라 이어지며 흐르는 강물을 말려야 한다네. 어진 사람은 깨우친 이에게 절하고 마음이 가난한 자는 깨달은 이의 옷자락에 걸려서 몇 번이나 넘어졌던가. 비록 말로는 '성품이네. 마음이네.' 이렇듯 달리 이름을 붙여 부르지만, 성품도 마음도 아닌 이 한 물건이 예나 지금을 초월해 있다네. 이러한 것을 그 오랜 세월 동안 한 자리에서 움직이지 않고 도대체 무슨 일을 이루고자 하였던가.

뜰 앞에 한그루의 잣나무는 뿌리도 없이 이곳저곳에서 나고 철로 만든 소가 으르렁거리는 곳에 깊은 밤중에도 밝은 빛으로 환하다네. 한그루의 그림자 없는 나무를 활활 타오르는 불구덩이에 옮겨 심으니, 삼 개월의 봄비를 빌리지 않고도 붉은 꽃을 활짝 피운다네. 바탕이 되는 몸體인 반야바라밀般若波羅密과 쓰임새用인 25문二十五門, 57과五十七果, 일천칠백공안一千七百公案, 팔만사천법문八萬四千法文 등 일체 모든 법法, 이 둘 모두가 참된 것이 아니라네. 서로가 서로 두루 원만하게 밝아야 비로소 친할 수가 있는 것이라네. 모든 그림자를 불붙은 화로에 넣고 꼭꼭 봉한 다음에 마주 대하여 드러난 그 모양 그 상태로 되돌려야 한다네.

바탕이 되는 몸體과 쓰임새用, 곧 반야바라밀般若波羅密과 25문二十五門, 57과五十七果, 일천칠백공안一千七百公案, 팔만사천법문八萬四千法文 등 일체 모든 법法과 일체 모든 불보살에 대한 애정과 뜻이 있는 씨앗을 심어 다시금 청정한 마음자리의 터에 열매가 열린다네. 본인 스스로의 애정과 뜻이 없으면 씨앗도 없는 것이니, 이렇다 저렇다 할 성품性이 없으면 생겨남生도 없을 것이라네.

아주 작은 완숙한 깨달음이 깨우침을 깨달아 아는 일과 접하지 못하면 단지 마르지 않는 지혜, 곧 간혜지乾慧地만이 있을 뿐이라네. 때문에 닦고 단련하는 올바른 길을 잃지 말고 더디거나 급하지 않게 365일을 놓치지 말고 깨우침을 깨달아 아는 일로 자세하게 살피고 밝게 알아야 한다네.

이르기를 "무불무無不無 불무불無不無"이라. 없다 해도 본래 없는 것이 아니며, 아니라 해도 본래 아닌 것도 없다네.

10신, 수다원의
十 信　須 陀 洹

인연과 과위
因 緣　　果 位

공부를 시작함에 있어서 믿음信을 맨 처음의 인연으로 삼고 또 이를 근본 바탕으로 하는 것은, 순수하고 참되면서 망령된 일이 없는 것을 신信이라 이르는 것이며, 이 순수한 믿음을 바탕으로 반야바라밀般若波羅密과 바라는 바 없는 마음으로써 서로 응하는 일을 참된 믿음眞信이라고 한다네. 깨우침을 깨달아 아는 일로서의 온전한 지혜인 반야바라밀般若波羅密을 바탕으로 '참다운 마음자리의 터', 이 터의 미묘하고도 두루 원만한 도中中妙圓를 살펴서 본디 있는 그대로 고스란히 만들고 헛되게 이루어지는 일이 없게 해야만 한다네. 그런 후에 행修行할 바를 일으켜서 깨우침을 깨달아 아는 일로서의 온전한 지혜인 반야바라밀般若波羅密과 25문二十五門, 57과五十七果, 일천칠백공안一千七百公案, 팔만사천법문八萬四千法文 등 일체 모든 법法과 더하여 일체 모든 불보살佛菩薩과 서로 응하게 되면 궁극의 깨우침, 곧 등각等覺이나 묘각妙覺이 제아무리 멀다고 하더라도 곧바로 나아갈 수 있는 것이라네.

　태어나 죽어 가는 일상日常 속에서 진정으로 마음을 내어 '참다운 마음자리의 터'를 구하려는 생각이 굳세어지고 이러한 잠시 동안만의 생각만으로도 공과 덕이 무수無數, 무량無量한 까닭에 한없는 세월을 두고도 다 말할 수가 없는 것이라네.
　깨우침을 깨달아 아는 일로서의 온전한 지혜인 반야바라밀般若波羅密에 대한 믿음은 공功과 덕德, 또 도道의 어머니로서 마주 대하여 드러난 모든 착한 법法을 키워서 늘려 주고 쌓아 주며, 의심疑心으로 인하여 망설이는 일을 없게 만들어 더할 나위 없는 지혜를 더욱 도탑게 드러내어 준다네.

깨우침을 깨달아 아는 일로서의 온전한 지혜인 반야바라밀般若波羅密에 대한 믿음信은, 마음이라 이름 붙인 한 물건을 맑게 하고 태어남과 죽음을 여의게 하며, 교만驕慢함을 없애주고 공손恭遜하며 겸손謙遜함을 높여 준다네. 또한 '참된 마음자리의 터'를 찾은 가장 좋은 일로서는 지극히 깨끗한 손에 의하여 덕행德行을 받는다네.

깨우침을 깨달아 아는 일로서의 온전한 지혜인 반야바라밀般若波羅密에 대한 믿음信은 수만 가지 고집스러움과 집착執着을 없애주고 헤아릴 수 없으며, 더할 나위 없는 참다운 법法을 알게 한다네. 또 무수無數, 무량無量한 공功과 덕德을 쌓고 쌓아서 깨달음의 높은 경지에 올라서게 한다네.

깨우침을 깨달아 아는 일로서의 온전한 지혜인 반야바라밀般若波羅密에 대한 믿음信은 모든 선한 근기善根를 분명하게 마주 대하여 드러내어 주며, 그 어떠한 힘으로도 깨트릴 수 없게 견고堅固하게 만들어 주고 온갖 악행惡行을 없애주면서 깨우친 이가 이른 공功과 덕德에 이르도록 만들어 준다네.

깨우침을 깨달아 아는 일로서의 온전한 지혜인 반야바라밀般若波羅密에 대한 믿음信은 25문二十五門, 57과五十七果, 일천칠백공안一千七百公案, 팔만사천법문八萬四千法文 등 일체 모든 참다운 법法과 일체 모든 불보살에 전혀 막힘이나 걸림이 없이 통하게 하며, 수만 가지 어려운 일을 여의게 하는 힘이고 잘못이나 허물, 유혹 따위를 벗어나 '더할 나위 없이 위없는 마음자리의 터'를 마주 대하여 드러내고 보여 주는 힘이라네.

깨우침을 깨달아 아는 일로서의 온전한 지혜인 반야바라밀般若波羅密에 대한 믿음信은 건강하고 단단한 공과 덕의 씨앗으로서 제일가는 지혜의 나무인 그림자 없는 나무無影樹가 '더할 나위 없이 위없는 마음자리의 터'

에서 나고 자라게 해 주며, 위없는 지혜智慧를 길러 주고 선지식善知識들을 아낌없이 뵙도록 한다네.

깨우침을 깨달아 아는 일로서의 온전한 지혜인 반야바라밀般若波羅密에 대한 믿음信이 단단해지면, 그 바탕이 되는 뿌리가 깊어지고 사물의 이치에 밝아지면서 행行하는 모든 것을 헛되지 않게 한다네. 나쁜 지인知人은 멀어지게 하고 선지식善知識과 친해지게 하며, 무수無數, 무량無量한 공功과 덕德을 닦게 한다네.

1. 신심信心

깨우침을 깨달아 아는 일로서의 온전한 지혜인 반야바라밀般若波羅密에 대한 믿음으로 가득한 마음자리, 그 가운데로 흘러 들어가면中 두루 원만한 이치가 미묘하게 열릴 것이라네. 이 두루 원만한 미묘함으로부터 거듭 더하여 쌓고 쌓아야 하는 것이니, 원만하면서 미묘하게 참된 것眞妙을 키워야만 한다네. 이렇듯 미묘한 믿음이 항상 머물며, 일체 망령된 모든 생각을 끊어서 없애 버리고 어느 한쪽으로도 치우치지 않는 온전한 수행修行이 순수하고 참되게 되어 가는 믿음의 마음자리라네. 신심信心이란 하나라도 빠짐없이 모든 망령된 생각을 없애고 맑고 깨끗해진 마음자리를 이르는 것이라네.

깨우침을 깨달아 아는 일로서의 온전한 지혜인 반야바라밀般若波羅密에 의지한 믿음信으로 잡다한 마음을 버리고 마르지 않는 지혜를 얻었다 하더라도, 아직은 생사生死를 초월超越하지 못하는 범부凡夫의 자리에 남아 있다네. 그러므로 아직은 도道에 들어서지入流 못한 것이라 이른다네. 때문에 깨우침을 깨달아 아는 일로서의 지혜로운 바다, 곧 반야바라밀般若波羅密의 지혜로운 바다, 그 마음자리의 터 가운데로 흘러 들어가서 그 어느 한쪽으로도 치우치거나 걸림이나 막히는 일이 없게 되면, 미묘하면서도 두루 원만한 '참다운 터, 총규總竅'가 열리게 된다네. 그러나 아직은 전에 배워 익힌 망령된 일들이 남아 있는 까닭으로 두루 원만해야 할 일들이 참되지 못하다네. 그러므로 믿음에 대한 맑고 깨끗한 마음을 시작으로 거듭 원만함을 더하고 쌓아서 반야바라밀般若波羅密에 대한 믿음으로 가득한 마음자리를 항상 머물게 해야만 한다네. 이렇듯 반야바라밀般若波羅密에 대한 믿음을 바탕으로 일체 모든 망령된 생각을 없애 버려야 '참다운 마음자리의 터'가 순수해지고 참되게 되어 망령된 일이 없어질 것이라네.

25문二十五門, 57과五十七果, 일천칠백공안一千七百公案, 팔만사천법문八萬四千法文 등 일체 모든 법法과 일체 모든 불보살佛菩薩은 반야바라밀般若波羅密에 대한 믿음으로 가득한 마음자리로 인하여 있는 것이며, 또한 반야바라밀般若波羅密에 대한 믿음으로 가득한 마음자리를 바탕으로 거듭 나아가고 쌓아 가는 것이라네. 이 외에 달리 다른 법法이란 없다네.

마음자리가 높거나 낮거나 크거나 작거나 깨우침을 깨달아 아는 일로서의 온전한 지혜인 반야바라밀般若波羅密의 참되고 밝은 미묘한 법을 믿고 의지해야 하는 것이며, 배워 익힌 일로서 올바른 도道에 어긋나는 의심疑心이나 미혹迷惑함을 제대로 다스려야 한다네. 단 한 번이 아닌 여러 번 거듭 갈고닦아서 아주 작은 티끌마저도 없애 버린다면, 미묘한 깨달음의 자리, 묘각妙覺의 자리에 오를 것이라네.

2. 염심念心

　깨우침을 깨달아 아는 일로서의 온전한 지혜인 반야바라밀般若波羅密에 대한 참한 믿음을 바탕으로 막힘이나 걸림이 없이 두루 원만하게 통하는 일圓通을 이루었다네. 때문에 지니고 있는 지금 이 육신肉身이 막힘이나 걸림이 되지 않는다네. 또한 무수無數, 무량無量한 시공간時空間을 통해서 몸을 버렸다가 다시 몸을 받아서 배워 익힌 일체의 기운이 마주 대하여 드러난 모양이나 상태로 나타나게 된다네. 깨우침을 깨달아 아는 일로서의 온전한 지혜인 반야바라밀般若波羅密에 대한 참한 믿음을 바탕으로 생사生死를 벗어나, 시공간時空間을 통한 모든 기억들을 생각하고 또 잊지 않게 되었다네. 때문에 '염심念心'이라 이른 것이라네.

　앞으로 찾아올 저녁노을이 드리워지는 아름다운 서쪽을 바라보니, 바람은 잦아들고 구름은 사라져 온갖 드러난 경치가 눈이 부시도록 맑다네. 이전 생의 인연으로 모든 번뇌가 다함漏塵을 이르는 것이니, 온전한 지혜인 반야바라밀般若波羅密의 밝은 빛이 둥근 달처럼 떠오르네.

　온갖 생각으로 가득한 마음자리가 반야바라밀般若波羅密의 지혜로운 빛으로 참이 되고 밝아지는 까닭으로 일체를 두루 원만하게 통하였다네. 때문에 찰나의 이 몸이 막힘이나 걸림이 되지 않으니, 능히 시공간時空間을 통해 배워 익힌 것들을 환하게 비추어서 단 하나라도 빠짐이 없이 생각을 다스린다는 것이네.

3. 정진심精進心

깨우침을 깨달아 아는 일로서의 온전한 지혜인 반야바라밀般若波羅密을 바탕으로 걸림이나 막힘이 없이 미묘하게 두루 원만妙圓하며, 꾸미는 일 없이 참純眞되고 참으로 밝은 것들이 서로 위하고 합하는 기운을 일으켰다네. 이로써 지난 날 배워 익힌 모든 것들을 비롯됨이 없는 본바탕 하나로 통하게 한다네. 이렇듯 자세하고 분명하게 밝아지면精明 오로지 자세하고 분명하게 밝아진 일만을 가지고 허물이나 번뇌가 없는 참으로 맑고 깨끗한 곳으로 거듭 몸과 마음을 다하여 나아가는 일을 '정진심精進心'이라고 이른다네.

꿈으로 인해 얽매여 당하는 일이란 본래 있었던 일이 아니지 않던가. 이와 같이 병이 든 눈으로 바라보면 일체 드러난 모든 것이 허공虛空에 흩날리는 꽃과 같다네. 이 꽃들을 있다고 할 수 있겠는가. 꾸밈없이 참되고 참으로 밝은 것으로 허황된 욕심慾心을 비추어 없애고 깨우침을 깨달아 아는 일의 그지없는 덕梵德을 닦으면, 수평선 붉은 물에서 고요하게 빛나는 둥근 달을 얻을 것이라네.

깊고도 헤아릴 수 없이 두루 원만하게 통하는 미묘한 성품圓通性이 미리 앞서서 순수하고 참되게 되었다네. 때문에 배워서 익힌 잘못이나 허물, 망령된 것들이 모두 뒤바뀌어 한결같게 밝고 자세하며 분명하게 되는 것을 이르는 것이라네. 또한 일점 허물이나 번뇌가 없는 맑고 깨끗한 곳, 곧 비롯됨이 없는 근본 바탕으로 나아가 모든 행하는 일에 있어서 서로 뒤섞이지 않기 때문에 정진심精進心이라 이른 것이라네.

4. 혜심慧心

깨우침을 깨달아 아는 일로서의 온전한 지혜인 반야바라밀般若波羅密을 바탕으로 마음자리 터의 맑고 깨끗한 것心精이 마주 대하여 드러난 모양이나 상태로 눈앞에 곧 바로 나타나서 온전하게 순수한 지혜가 되는 일을 '혜심慧心'이라 이른다네.

깨우침을 깨달아 아는 일로서의 온전한 지혜인 반야바라밀般若波羅密을 바탕으로 바라는 바 없이 놓아 버리니, 어지럽게 흩어진 공空의 세계가 매우 좁다는 것을 알겠고 반야바라밀般若波羅密을 바탕으로 바라는 바 없이 거두어들이니, 자연스럽게 좁쌀눈만 한 구슬이 생기는 일을 보았다네. 곧 반야바라밀般若波羅密을 바탕으로 25문二十五門, 57과五十七果, 일천칠백공안一千七百公案, 팔만사천법문八萬四千法文 등 일체 모든 법法과 일체 모든 불보살佛菩薩을 바라는 바 없이 놓아 버리니, 어지럽게 흩어진 공空의 세계가 매우 좁다는 것을 알겠고 반야바라밀般若波羅密을 바탕으로 25문二十五門, 57과五十七果, 일천칠백공안一千七百公案, 팔만사천법문八萬四千法文 등 일체 모든 법法과 일체 모든 불보살佛菩薩을 바라는 바 없이 거두어들이니, 자연스럽게 좁쌀눈만 한 구슬이 생기는 일을 보았다네. 때문에 여기에 이르러서 지혜는 쓰지 말고 몸과 마음을 다해 부지런히 닦고 단련하면 늙고 지친 이 마음을 되돌려 아이로 돌아가는 일이 이루어지게 될 것이라네. 이는 배워서 익힌 망령된 일이 이미 다 했으므로 맑고 깨끗한 마음이 마주 대하여 드러난 모양이나 상태로 눈앞에 곧 바로 나타나기 때문에 거듭 더하여 나아가야 한다는 것이네. 이는 인위적人爲的이거나 꾸민 것이 아닌 단지 온전하게 순수한 지혜를 이르는 것이지, 단순하게 배워 익힌 기운이 아니란 것을 이른다네.

5. 정심定心

깨우침을 깨달아 아는 일로서의 온전한 지혜인 반야바라밀般若波羅密을 바탕으로 참다운 지혜의 밝고 깨끗한 것만을 딱 골라잡아서 어느 곳 하나 빠짐없이 주변을 밝고 고요하며 평온하게 만들어, 이 고요하고 평온하며 맑고 미묘한 일寂妙이 늘 한결같게 엉겨 있는 일을 '정심定心'이라 이른다네.

고요하고 평온하며 맑고 미묘한 일寂妙의 바탕이 되는 반야바라밀般若波羅密이 밝은 까닭으로 환하게 열려서 눈이 시리도록 비춰지니, 사람이 살아가는 세상의 전세前世, 현세現世, 내세來世가 모두 다 밝은 빛을 받는다네. 지난 세월과 현재가 뒤섞여서 흐르고는 있지만, 서로가 전혀 이지러지거나 어긋나는 일 없이 마주 대하여 드러난 사물의 바탕이 되는 모양이나 상태에 거침없이 응하고 모든 인연因緣을 따라 한결같게 밝다네. 깨우침을 깨달아 아는 일로서의 온전한 지혜인 반야바라밀般若波羅密을 바탕으로 한 지혜가 참으로 참되게 맑아지면, 마땅히 마음이라 이름 붙인 한 물건을 가다듬어 움직이거나 흐트러지지 않은 정定으로써 지키고 고요하고 평온하며 맑고 미묘한 일의 바탕이 되는 반야바라밀般若波羅密을 변하지 않도록 지켜야 한다네. 이를 두고 움직이거나 흐트러지지 않은 마음定心이라고 말 할 수 있는 것이라네.

6. 불퇴심不退心

깨우침을 깨달아 아는 일로서의 온전한 지혜인 반야바라밀般若波羅密을 바탕으로 잡스러운 마음을 가다듬어 움직이거나 흐트러지지 않은 정定의 밝은 빛이 눈이 시리도록 맑고 밝은 것을 일으켜, '참된 마음자리 터'에 깊숙이 들어간 까닭으로 오로지 앞으로 나아가는 일만 있고 뒤로 물러서지 않은 것을 불퇴심不退心이라 이른다네.

깨달음을 얻기 위한 요긴한 일로서의 온전한 지혜인 반야바라밀般若波羅密과 사람의 일이 서로 친한 까닭으로 어지럽게 흩어진 공空이 오로지 '하나뿐인 전체로서의 참된 터'에 이르자, 본인 스스로가 올바르고 참된 것을 곧바로 얻었다네. 깨우침을 깨달아 아는 일로서의 온전한 지혜인 반야바라밀般若波羅密의 빛이 모래톱을 고요하게 비추니, 성인聖人이나 범부凡夫가 다 같은 한 식구라네.

그릇된 단 하나의 생각이 일어나지 않으면, '전체로서의 참다운 터'가 본디 있는 그대로 마주 대하여 드러난 모양이나 상태로서 드러나 보이고 만일 눈, 귀, 코, 혀, 몸, 뜻六根이 조금이라도 움직임을 보이면 짙은 구름에 안목眼目이 가려지게 될 것이라네.

신심信心으로부터 불퇴심不退心에 이르기까지 모든 구구절절은 온힘을 다해 수행修行하는 일에 속하는 것이라네. 비유를 들자면, 나무를 심어놓고 몇 년이고 북돋아 길러야만, 뿌리가 뽑히지 않은 힘이 생기는 것과 같음을 의미한다네. 곧 온 몸과 마음을 다한 정성으로 나아가야 하기 때문에 움직이거나 흐트러지지 않은 정定과 지혜慧가 쌍으로 해서 수행修行의 뒤를 따르게 한 것이라네.

처음에는 깨달음을 얻기 위해 요긴한 일로서의 온전한 지혜인 반야바라밀般若波羅密을 바탕으로 해서 잡스러운 마음을 가다듬고 움직이거나 흐트러지지 않은 일, 곧 정定으로써 작고 완숙한 지혜를 일으키고 또 반야바라밀般若波羅의 참된 지혜로 고요하고 평온하며 맑은 마음자리 터에 이른 까닭으로 마주 대하여 드러난 모양이나 상태로서 막힘이나 걸림이 되는 일이 없는 것이라네. 다음은 반야바라밀般若波羅의 온전한 지혜로써 움직이거나 흐트러지지 않은 정定을 일으켜 밝게 통하는 지혜智慧에 이르렀다네. 때문에 막힘이나 걸림이 되는 일이 없는 까닭으로 '참된 마음자리의 터', 도道에 깊숙이 들어갔다고 이른 것이라네.

대체로 움직이거나 흐트러지지 않은 정定과 지혜慧 중에서 하나라도 빠지면 애써 온 공功을 매우 많이 잃게 된다네. 그러므로 움직이거나 흐트러지지 않은 정定과 지혜慧가 서로 보탬이 되어 주고 수행修行하는 일에 있어서 다함이 없는 까닭으로 '오로지 앞으로 나아가는 일만 있고 물러서지 않은 불퇴심不退心'이라 이른 것이라네.

7. 호법심護法心

오로지 한마음으로 온 힘을 다하여 나아가는 일이 지극히 편안하고 자연스럽기에 깨달음을 얻기 위해 요긴한 일로서의 온전한 지혜인 반야바라밀般若波羅密을 바탕으로 해서 25문二十五門, 57과五十七果, 일천칠백공안一千七百公案, 팔만사천법문八萬四千法文 등 일체 모든 법法과 일체 모든 불보살佛菩薩을 지니고 보호하면서 절대 잃어버리지 않은 것이라네. 또한 무수無數, 무량無量한 세계에 대한 깨우침을 마주 대하여 드러나는 모양이나 상태와 마주 맞닿아 서로 접촉하고 온기를 나누는 일을 '호법심護法心'이라고 이른다네.

단 한 조각 헛되고 실속이 없는 밝은 빛, 곧 모든 법法을 지니고 보호하면서 절대 잃어버리지 않은 일이란, 본래 미묘하고 두루 원만하면서 또 깨달음을 얻기 위해 요긴要緊한 일로는 온전한 지혜가 근본 바탕이 되는 것이라네. 그 가운데서는 바른 것도 아니고 달리 뭐 기울어진 것도 아니라네. 육근六根의 바탕이 되는 사소한 장애가 있는 일에도 불구하고 또한 봄 3개월을 기다리지 않고도 마주 대하여 드러난 모양이나 상태로서의 드러난 자태와 색깔은 마땅히 산뜻하고 밝은 것이라네.

이미 마음자리 터에 깊숙이 들어간 까닭으로 곧 안과 밖이라는 경계 없이 밝게 들어간 까닭으로 보호하고 지킬 수 있다는 것이라네. 때문에 무수無數, 무량無量한 세계의 깨우침이 모두 다 같은 모양새가 된 까닭으로 서로 마주 맞닿아 접촉하는 모양이나 상태가 깨우침을 깨달아 아는 법, 곧 온전한 지혜인 반야바라밀般若波羅密과 꼭 들어맞은 일을 '호법심護法心'이라고 이른 것이라네.

8. 회향심廻向心

깨우침을 깨달아 아는 일로서의 온전한 지혜인 반야바라밀般若波羅密을 바탕으로 밝게 깨달아 아는 일을 온전하게 잘 지키어 지닌 미묘한 힘으로써, 능히 깨우침의 자비로운 빛佛光으로 되돌려 비추는 일廻照과 깨우침을 향해 편안하게 머무는 일安住이, 맑은 두 개의 거울이 서로 마주 대하고 있는 것과 같음을 회향심廻向心이라 이르며, 이렇듯 그 가운데 미묘한 그림자妙影가 서로 거듭해서 선업善業을 쌓고 쌓아 가는 일을 '회향심廻向心'이라 이른다네.

무수無數, 무량無量한 시공간時空間을 벗어난 신령神靈한 산의 그림자 없는 나무無影樹가 가지 끝마다 꽃과 같은 화사한 달을 싹 틔우고 온 대지를 봄으로 되돌린다네. 옥으로 만든 화로玉爐에 맑은 술正法을 달여 마시고 봄이 오는 저 언덕에서 참다운 법法의 소리에 맞추어 살아 있는 춤을 더덩실 춘다네.

무수無數, 무량無量한 시공간時空間을 벗어난 신령神靈한 산이란 더할 나위 없이 위없는 깨달음을 이르는 것이며, 그림자 없는 나무無影樹란 반야바라밀般若波羅密을 바탕으로 한 지혜가 맑고 깨끗하며 순수한 것을 이르고 가지 끝마다 꽃과 같은 화사한 달이란 25문二十五門, 57과五十七果, 일천칠백공안一千七百公案, 팔만사천법문八萬四千法文 등 일체 모든 법法이 맑고 깨끗해진 육근六根을 바탕으로 순수한 깨우침의 열매로서 깨끗하게 드러남을 의미하는 것이라네. 옥으로 만든 화로玉爐란 반야바라밀般若波羅密을 이르고 맑은 술正法이란 25문二十五門, 57과五十七果, 일천칠백공안一千七百公案, 팔만사천법문八萬四千法文 등 일체 모든 법法이 순수한 깨우침의 열매로서 올바른 법法이라는 것이며, 봄이 오는 저 언덕이란 궁극적窮極的인 열반涅槃의 경지를 이른다네.

깨달음을 얻기 위한 요긴한 일로서의 온전한 지혜인 반야바라밀般若波羅密을 바탕으로 해서 25문二十五門, 57과五十七果, 일천칠백공안一千七百公案, 팔만사천법문八萬四千法文 등 일체 모든 법法과 일체 모든 불보살佛菩薩을 지니고 보호하면서 절대 잃어버리지 않고 굳게 지키려는 호법심護法心으로 인하여, 공부에 힘을 더하고 또 더하여 나아가 무수無數, 무량無量한 참된 깨달음과 합하였다네. 온전한 지혜인 반야바라밀般若波羅密을 바탕으로 해서 미묘한 깨우침을 밝게 얻어 이를 온전하게 잘 지키면서 잃지 않는다는 것이라네. 때문에 미묘하게 되돌려 향하면서 깨우침의 자비로운 빛佛光을 거듭 되돌리는 일이란, 공부의 결과인 열매果를 되돌려 원인因으로 향한다는 것이네. 또한 깨우침을 향해 편안하게 머무는 일安住이란 원인因을 되돌려 결과인 열매果로 향한다는 것을 이른다네. 원인因과 결과果가 서로 뒤섞이면서 마주 대하여 드러난 모양이나 상태로서 바탕이 되는 몸體과 쓰임새用가 서로 합하기 때문에 두 개의 거울에 비유해서 말한 것이라네. 곧 깨우침을 깨달아 아는 일로서의 온전한 지혜인 반야바라밀般若波羅密이 인因이며, 이를 바탕으로 얻는 밝게 깨달아 아는 일이 과果로서의 반야바라밀般若波羅密이라네. 또한 깨우침을 깨달아 아는 일로서의 온전한 지혜인 반야바라밀般若波羅密을 바탕으로 밝게 깨달아 아는 일이 쓰임새用이며, 밝게 깨달아 아는 일로써 능히 깨우침의 자비로운 빛佛光으로 되돌려 비추는 일廻照과 깨우침을 향해 편안하게 머무는 일安住이 몸體이라네. 때문에 두 개의 거울에 비유한 것이라네.

9. 계심戒心

깨우침을 깨달아 아는 일로서의 온전한 지혜인 반야바라밀般若波羅密을 바탕으로 밝게 깨달아 얻은 마음자리의 밝은 빛을 되돌려서 참된 깨우침이 늘 한결같게 이루어지고 단단해지며, 움직이거나 흐트러지지 않는 참된 마음자리라네. 이로써 일점 허물이나 번뇌가 없는 미묘하고도 깨끗한 더할 나위 없이 위없음無上妙淨을 얻었으며, 또 인위적人爲的으로 꾸미거나 가꾸지 않는 있는 그대로 온전하게 편안히 머물면서 절대 잃지 않는다네. 이 일을 '계심戒心'이라 이른다네.

무수無數, 무량無量한 '하나뿐인 전체로서의 참된 터'을 얻고자 쫓다 보니, 마주 대하여 드러난 25문二十五門, 57과五十七果, 일천칠백공안一千七百公案, 팔만사천법문八萬四千法文 등 일체 모든 법과 일체 모든 불보살로써 드러난 경계가 어느새 문득 고요해진 까닭으로 세상사를 잊게 한다네. 무수無

數, 무량無量한 '하나뿐인 전체로서의 참된 터總竅'가 발하는 신통하고 영묘한 빛은 본래 안이라 할 것도 없고 밖이라 할 것도 없는 것을, 후천적後天的인 색법色法과 선천적先天的인 심법心法으로서의 사온四蘊, 곧 수상행식受想行識에 왜 이리도 집착執着했었던가.

무수無數, 무량無量한 깨우침을 깨달아 얻은 이의 자비로운 빛佛光을 되돌림으로 인하여 그 빛을 본인 스스로에게서 얻게 되었다네. 때문에 늘 한결같게 이루어지면서 단단해지고 미묘하고도 깨끗한 더할 나위 없이 위없음無上妙淨을 얻었다고 이른 것이라네. 이는 늘 한결같게 이루어지고 단단해지면서 마주 대하여 드러난 일체 모든 법法과 일체 모든 불보살의 모양이나 상태를 마주하더라도 절대 움직이거나 흐트러지지 않는 것이라네. 이렇듯 일점 허물이나 번뇌가 없이 맑고 깨끗해지면 먼지로 가득한 티끌 속으로 들어가더라도 물들지 않게 되어 계戒를 지키고 잃지 않는 마음이 이루어질 것이라네.

10. 원심願心

깨우침을 깨달아 아는 일로서의 온전한 지혜인 반야바라밀般若波羅密을 바탕으로 마땅히 지켜야 할 행동규범戒에 막힘이나 걸림이 없고 25문二十五門, 57과五十七果, 일천칠백공안一千七百公案, 팔만사천법문八萬四千法文 등 일체 모든 법法과 일체 모든 불보살佛菩薩과 편안하게 머무는 일이 본인 스스로 자유롭게 되었다네. 때문에 무수無數, 무량無量한 세계를 돌아다니면서 발길 닿는 곳마다 원하는 대로 이루어지는 일을 '원심願心'이라 이른다네.

깨우침을 깨달아 아는 일로서의 온전한 지혜인 반야바라밀般若波羅密을

바탕으로 밝게 깨달아 얻은 마음자리의 빛나는 모양이 만공창해滿空蒼海
를 찌르는 일이란 모두 다 그 당시에 가려내어 단련한 공功이라네. 세월이
지난 지금에 와서 오래전 지난밤의 꿈에서 깨게 된다면, 곧 바로 머리를
들고 주인이 되는 노인네를 보게 될 것이라네.

마주 대하여 드러난 모든 사물의 바탕이 되는 모양이나 상태를 마주하
더라도 움직이거나 흐트러지지 않으며, 티끌 속에 들어가더라도 물들지 않
는 일을 "마땅히 지켜야 할 행동규범戒에 막힘이나 걸림이 없고 25문二十五
門, 57과五十七果, 일천칠백공안一千七百公案, 팔만사천법문八萬四千法文 등 일
체 모든 법法과 일체 모든 불보살佛菩薩과 편안하게 머무는 일이 본인 스스
로 자유롭게 되었다."라고 한 것이라네. 움직이거나 흐트러지지 않고 물들
지 않는 까닭으로 어디를 가나 옳지 않음이 없으므로 무수無數, 무량無量한
세계를 돌아다닐 수 있다는 것이라네.

공부를 하고자 마음을 일으킨 처음에는 필히 욕심慾心을 버려야만 한다
네. 그런 후 육근六根을 바탕으로 한 마음자리 터의 성품이 본디부터 거짓
이 많고 마땅한 근거根據가 없음을 온전한 지혜인 반야바라밀般若波羅密을
바탕으로 밝게 하고 또 의지해서 맑게 드러낸 다음, 능히 참다운 법法의 흐
름에 들어가서 미묘하고도 두루 원만한 성품妙圓性을 열게 된다네. 그리고
깨우침을 깨달아 아는 일로서의 온전한 지혜인 반야바라밀般若波羅密을 바
탕으로 밝게 깨달아 얻은 성품의 참된 일이 맑고 깨끗하며 두루 원만해지
면, 배워 익힌 잘고 세세한 것細習이 드러나게 되는 것이라네. 이것을 다스
리고자 닦고 행行할 바를 일으키는 것이라네.

온전한 지혜인 반야바라밀般若波羅密을 바탕으로 밝게 깨달아 얻은 25문
二十五門, 57과五十七果, 일천칠백공안一千七百公案, 팔만사천법문八萬四千法文
등 일체 모든 법法의 순수한 지혜로써 잘고 세세한 티끌마저도 없애 버려

야 한다네. 또한 온전한 지혜인 반야바라밀般若波羅密을 바탕으로 밝게 깨달아 얻은 순수한 지혜로써 마음을 가다듬어 움직이거나 흐트러지지 않게定 지니고 또 이를 지키면서 맑고 깨끗한 일로 눈이 시리도록 밝은 빛을 일으켜야 한다네.

그리고 도道에 깊숙이 들어가 온전한 지혜인 반야바라밀般若波羅密을 바탕으로 밝게 깨달아 얻은 바를 보호하고 지키면서 잃지 않아야, 온전하게 깨달은 이의 자비로운 빛을 되돌려서 일점 허물이나 번뇌가 없는 '참된 터'의 맑고 깨끗한 계戒를 얻을 수가 있는 것이라네. 이로 인하여 티끌 속에 들어가더라도 물들지 않고 발길이 닿는 곳마다 원하는 대로 이루어질 것이라네.

이것이 곧 십신十信을 바탕으로 누진통漏盡通을 목적한 바대로 이루게 되는 일이라네. 때문에 선오후수先悟後修라 이른 것이라네.

이르기를 "무불무無不無 불무불不無不"이라. 없다 해도 본래 없는 것이 아니며, 아니라 해도 본래 아닌 것도 없다네.

제11장

10주, 사다함의
十住　斯陀含

인연과 과위
因緣　　果位

깨우침을 깨달아 아는 일로서의 온전한 지혜인 반야바라밀般若波羅蜜에 대한 믿음을 바탕으로 '전체로서의 하나뿐인 참된 터'를 얻고자 수행修行하고 반야바라밀般若波羅蜜을 바탕으로 밝게 깨달아 얻은 바, 깨우침의 집에 태어나서 바라는 바 없는 순수한 지혜로 영원히 물러나거나 돌아가는 일이 없기 때문에 '머무름住'이라고 한 것이라네. '머무름住'이란 곧 25문二十五門, 57과五十七果, 일천칠백공안一千七百公案, 팔만사천법문八萬四千法文 등 일체 모든 법法과 일체 모든 불보살佛菩薩을 마땅히 믿고 이해理解해야만 한다는 것이며, 이 이해理解하는 일을 터전으로 삼아서 깨우침의 근본 바탕에 올바르게 서는 것을 이른다네.

1. 초발심주初發心住

　공부를 하는 일에 있어서 올바르게 가고자 하는 이가 깨우침을 깨달아 아는 일로서의 온전한 지혜인 반야바라밀般若波羅蜜에 대한 믿음을 바탕으로 십신十信을 일으키고 온전한 지혜인 반야바라밀般若波羅蜜을 바탕으로 밝게 깨달아 얻은 일에 몸과 마음을 다한 지극한 마음이 맑고 깨끗한 빛心精을 일으켜서 열 가지의 쓰임새用에 이르러 두루 원만하게 오로지 한마음을 이루는 일을 '초발심주初發心住'라 이른다네. 곧 '처음 마음을 일으킨 자리에 머문다.'라고 한다네.

　이생에서 만나기 어려운 깨우침의 참다운 법法을 듣고 또 끝없이 고통을 받은 사람들을 보고서는 도道를 구하려고 마음을 내는 자리라네. 때문에 깨우침을 깨달아 아는 일로서의 온전한 지혜인 반야바라밀般若波羅密을 바탕으로 모든 지혜를 얻으려고 몸과 마음을 다하면서, 이를 통해 순수한 지혜의 힘을 얻고 이 지혜를 바탕으로 참된 법을 배우면서 선지식善知識을 가까이 섬기는 자리라네. 또한 온전한 지혜인 반야바라밀般若波羅密을 바탕으로 한 참다운 법문法文을 세워 고통 받은 사람들의 의지할 바가 되는 자리라네. 그리고 한번 들은 법法을 그 어느 누구의 도움을 받지 않더라도 스스로 깨우침을 얻어 가지는 자리를 이른다네.

　거친 바다를 잠재우는 깨끗하고 맑은 순수한 지혜는 25문二十五門, 57과 五十七果, 일천칠백공안一千七百公案, 팔만사천법문八萬四千法文 등 일체 모든 법法에서 나는 것을 몸과 마음을 닦아 익숙하게 만드니, 한 물건이 스스로 둥그렇게 되었다네. 만일 온전한 지혜인 반야바라밀般若波羅密을 바탕으로 한 25문二十五門, 57과五十七果, 일천칠백공안一千七百公案, 팔만사천법문八萬四千法文 등 일체 모든 법法과 일체 모든 불보살佛菩薩에 대한 믿음과 순수한 지혜를 거치지 않았다면, 지금 화려하게 빛나는 꽃으로 무수無數, 무량無量한 곳곳 처처까지 향기를 풍기는 맑고 깨끗한 일을 얻을 수 있었겠는가. 이렇듯 그 옛날에 있던 거울을 닦으면서 다시 또 옛날 방법을 찾으니, 어느 날 문득 눈을 뜨자 그 찬란한 빛이 밝은 태양과 서로 다투고 있다네. 집으로 가는 길을 환하게 비추어 주는 일이니, 이름도 의미도 없는 길 가운데서 이루어진 마음을 가리켜 고향집이라 이르지 말게나.

　우리네 종사宗師가 이른 말씀과 구절이 있는데, 금으로 만든 칼로 도려내도 열리지가 않는다네. 헤아릴 수 없이 깊고도 깊은 그 미묘한 이치는 옥녀玉女가 한밤중에 아이를 배는 일과 같다고 일렀다네.

도道를 알아가는 일이란 나무와 나무를 비벼서 불을 얻은 일과 같은 것이라네. 언뜻 연기를 보거든 문득 쉬어야 할 것이니, 금성金星이 나타나기를 오매불망寤寐不忘 기다리지 말아야 할 것이라네. 그렇지 않으면 몸도 태우고 머리도 태우게 될 것이라네.

제멋대로 굴에서 뛰쳐나온 사자 새끼가 으르렁거리며 제법 위엄威嚴을 보이니, 수많은 여우가 하릴없이 겁만 내고 있다네. 깊고도 깊은 창과 방패干戈를 가지고 움직이거나 흐트러지지 않는 곳에 다다라, 천마天馬를 지니어 타고서 외도外道로 돌아간다네.

무수無數 무량無量한 참다운 법을 적어 어지럽게 흩어진 공空 가운데 곱게 주련을 드리우니, 한 번 파도가 움직이면 따라서 만 번의 파도가 움직인다네. 고요한 한밤중에 물은 차갑고 그물에 고기는 걸리지 않으니, 쪽배에 달만 가득히 싣고 돌아온다네.

2. 치지주治地住

깨우침을 깨달아 아는 일로서의 온전한 지혜인 반야바라밀般若波羅密에 대한 믿음을 바탕으로 일체 모든 법法을 이해하고 밝게 깨달아 얻은 참다운 마음자리 터 가운데서 맑고 깨끗한 빛을 일으키는 일이, 맑은 유리병 속에 잘 갈무리된 금덩이를 넣어둔 듯이 하면, 초발심주初發心住의 미묘한 마음을 디디고 서서 '전체로서 하나뿐인 참된 터'의 근거나 기초가 될 만한 바탕을 끝끝내 이루는 일을 '치지주治地住'라 이른다네. 곧 "바로잡아 다스리는 참다운 마음자리의 터에 머문다."라고 한다네.

모든 중생들을 위하여 바라는 바 없이 구하고 보호할 생각을 내는 마음 자리라네. 반야바라밀般若波羅密에 대한 믿음을 바탕으로 밝게 깨달아 얻고 참다운 법法을 배우면서 탐욕貪慾을 버리는 선정禪定을 닦으며, 맑고 깨끗한 도道의 깊고 깊은 미묘한 이치를 걸림이나 막힘이 없이 환하게 통달하는 자리라네. 또한 한번 들은 법法이라도 본인 스스로의 힘으로 그 미묘함을 깨달아 얻은 경지境地를 이른다네.

맑고 깨끗한 구슬이 옛적에 걸치던 옷자락에 떨어지니, 목동이 주어서 광주리에 담고 돌아가 버렸다네. 옛 곡조는 소리도 없고 간 곳을 모르는데 어느 누가 듣고 감히 답할 수 있겠는가. 시냇물에 발을 담고 있는 노인네가 그저 빙그레 웃고만 있다네.

바다 깊은 곳에서 철로 만든 소가 휘영청 둥근 달을 물고서는 멀리 달아나고 바위 앞에서는 돌로 만든 사자가 제 새끼를 품에 안고 졸고 있다네. 어지럽게 흩날리는 꽃비와 앞으로 일어날 일에 대한 것은 우레 소리 한 번에 구천九天을 이루는 것이라네.

'참다운 마음자리 터 가운데서 맑고 깨끗한 빛을 일으키는 일이, 맑은 유리병 속에 잘 갈무리된 금덩이를 넣어둔 듯이'라고 한 것은 반야바라밀 般若波羅密에 대한 믿음을 바탕으로 마음을 가다듬어 밝고 자세하게 된 것과 밝게 깨달아 얻은 일이 빛을 일으키는 일에 대해 빗대어 이른 말이라네. 이 밝고 깨끗한 세세한 빛을 디디고 서서 '참된 터'를 이루는 까닭으로 '바로잡아 다스리는 마음자리의 터에 머문다.'라고 이른 것이라네. 이를 달리 비유하면, 집을 짓고자 할 때 먼저 집터부터 잡고 난 연후에 공사를 시작할 수 있는 것과 같음을 이른다네.

3. 수행주修行住

온전한 지혜인 반야바라밀般若波羅密에 대한 믿음을 바탕으로 일체 모든 법法을 이해하고 '밝게 깨달아 얻은 참다운 마음자리 터心地'에 들어가는 일과 마주 대하여 드러난 모든 것의 모양이나 상태를 밝게 깨달아 얻은 일로 인하여, 무수無數 무량無量한 세상에 돌아다니거나 머무는 일에 있어서 막힘이나 걸림이 없이 환하게 통하는 일을 '수행주修行住'라 이른다네. 곧 '닦고 행할 참된 마음자리 터에 머문다.'라고 한다네. 곧 치지주治地住와 초발심주初發心住의 미묘한 마음을 디디고 서서 '전체로서의 하나뿐인 참된 터', 그 근거根據나 기초가 될 만한 바탕을 끝끝내 이루는 일을 '수행修行하는 참된 마음자리 터에 머무른다.'라고 이른 것이라네.

이 마음자리는 25문二十五門, 57과五十七果, 일천칠백공안一千七百公案, 팔만사천법문八萬四千法文 등 일체 모든 법法과 일체 모든 불보살과 마주 대하여 드러난 일정한 모양이나 상태가 없으며, 모든 집착執着에서 벗어나 초연超然한 것이고 때로는 어지럽게 흩어진 공空으로써 괴로운 것이니, "나라고 할 것도 없고 즐거움도 없다."라고 하는 것들을 세밀하게 들여다보고 자세하게 수행修行하는 마름자리라네. 또한 온전한 지혜인 반야바라밀般若波羅密에 대한 믿음을 바탕으로 일체 모든 법法을 배우면서十信 모든 중생들과 마주 대하여 드러난 일체 모든 법法과 무수無數 무량無量한 세계를 구별 짓고 나누어 밝히며, 법法을 듣고 스스로의 힘으로 깨달음을 얻은 자리라네.

과거, 현재, 미래를 관통貫通하는 하나의 화살이 그 위엄威嚴을 드러내니, 한밤중에 태양金烏이 바다 속으로 날아간다네. 땅을 뚫어 버리고 하늘로 통하는 일로써 오르거나 내려가는 길을 함께 하고 함께 머물며, 늘 한결같게 서로 의지依支하기가 매우 좋다네.

깨우침을 깨달아 아는 일로서의 온전한 지혜인 반야바라밀般若波羅密에 대한 믿음信을 바탕으로 일체 모든 법法을 이해解하고 밝게 깨달아 얻은 자세한 마음이 거울같이 맑고 깨끗한 일로 인하여 일체 모든 법의 참다운 터를 닦아修서 이루었다네. 때문에 온전한 지혜인 반야바라밀般若波羅密을 바탕으로 들어가는 일과 깨우침을 깨달아 아는 일을 모두 깨달아 얻으면, 닦아 나아가거나 머무는 일에 있어서 막힘이나 걸림이 되는 일은 없을 것이라네.

4. 생귀주生貴住

모든 행하는 일에 있어서 더할 나위 없는 최상의 깨우침을 얻은 이와 같으며, 깨우친 이가 느끼는 모양이나 상태를 받아들이는 일과 같고 또 태어남과 죽음을 통한 일체 모든 것으로부터 벗어나 '전체로서 하나뿐인 참된 터'의 바탕이 되는 성품으로 들어가는 일을 '생귀주生貴住'라고 이른다네. 곧 깨달음의 가족으로 들어가는 일을 말한다네.

깨우침을 깨달아 아는 일로서의 온전한 지혜인 반야바라밀般若波羅密을 바탕으로 올바르게 가르치는 집에서 태어나 더할 나위 없이 위없는 깨달음의 법법法을 믿으면서 이를 끝까지 참구參究하고 또 따라가는 마음자리라네. 그리고 온전한 지혜인 반야바라밀般若波羅密을 바탕으로 한 깨끗하고 맑은 순수한 지혜로써 움직이거나 흐트러지지 않는 고요한 마음定을 터전으로 삼아 중생과 세계, 나고 죽은 일과 십신十信에 따른 참다운 법法을 배우면서 위없는 깨우침의 법문法文을 닦고 또 이를 넉넉하게 갖추었다네. 이러한 까닭으로 깨우침을 얻은 모든 이들을 평등하게 들여다보는 마음자리라네. 또한 들은 법法을 스스로 깨우치는 자리이기도 하다네.

한 알의 씨앗이 싹을 틔우자 갈림길이 모두 다 부서져 나가고 성스러운 잉태生貴住가 이로부터 시작되는 것이니, 점차 순서와 차례를 따라 사지四肢가 생겨나는 것이라네. 온전한 지혜인 반야바라밀般若波羅密을 바탕으로 한 깨끗하고 맑은 순수한 지혜로써 선한 도善道를 거듭 닦고 쌓으면 나머지 싹은 떨어져 나갈 것이라네.

온전한 지혜인 반야바라밀般若波羅密을 바탕으로 한 깨끗하고 맑은 순수한 지혜로써 미묘하게 행行하는 일이 참다운 법法과 은밀히 꼭 들어맞으면, 미묘한 이치가 부드럽게 맞닿아 느끼면서 응感應하는 까닭으로 깨달음의 가문에 태어나게 되고 마땅히 법왕法王의 가족이 된다는 것이라네. 때문에 '생귀주生貴住에 머무르는 자리다.'라고 한 것이라네.

5. 방편구족주方便具足住

온전한 지혜인 반야바라밀般若波羅密을 바탕으로 한 깨끗하고 맑은 순수한 지혜로써 이미 도道를 잉태하고 스스로 깨달음을 이어받아 받드는 일이 마치 부녀자가 아이를 가진 일과 같이 사람의 바탕이 되는 모양이나 상태가 아무런 결함이 없이 온전하게 된 일을 이른다네. 이러한 까닭으로 본인 스스로를 이롭게 하며, 마땅히 타인도 이롭게 하는 방편方便을 온전하게 갖추고 행하는 일이, 위없는 깨우침을 깨달아 얻은 이와 같음을 '방편구족주方便具足住'라고 이른다네.

깨우침을 깨달아 아는 일로서의 온전한 지혜인 반야바라밀般若波羅密에 대한 믿음信을 바탕으로 일체 모든 법법法과 일체 모든 불보살佛菩薩을 이해解하고 열 가지 법+信을 듣고 수행修行해서 얻은 지극히 선한 마음자리로 중생을 구하고 보호하면서 이롭게 만드는 자리라네. 또한 중생들이 나고 죽은 일에서 벗어나 순수하고 참된 지혜를 얻게 하며, 본인 스스로는 온전한 지혜인 반야바라밀般若波羅密에 대한 믿음信을 바탕으로 일체 모든 법法을 이해解하고 열 가지 법+信을 듣고 온전하게 수행修行하는 것이라네. 또한 수많은 중생들이 잘못이나 허물로 인하여 스스로의 성품을 잃어버린 것을 알고 중생들의 마음을 깨끗이 씻어 주기 위해서 힘을 쓰는 자리라네. 그리고 들은 법法을 스스로의 힘으로 깨닫는 마음자리라네.

본래 지극한 도至道란 마음이라 이름 붙인 물건과 매우 친한 것이라네. 바른 도를 닦아서 마음이라 이름 붙인 이 한 물건이 없어져야만 그 도가 참된 것이라 할 수 있다네. 마음과 도道, 이 둘이 있다거나 없다거나 하는 일이 다 없어지니, 무수無數 무량無量한 세계에 본인 스스로의 몸 하나만 한가로울 뿐이라네.

온전한 지혜인 반야바라밀般若波羅密을 바탕으로 한 깨끗하고 맑은 순수한 지혜로써 미묘하게 행하는 일의 모양이나 상태, 느낌이 마주 대한 두 개의 거울과 같고 반야바라밀般若波羅密에 대한 믿음信을 바탕으로 일체 모든 법法을 이해解하고 밝게 깨달아 얻은 미묘한 이치로써 부드럽게 느끼면서 응하는 일, 이일이 곧 도道를 잉태하고 본인 스스로 깨달음을 이어받는 것이라네. 깨우침을 이어받는다는 것은 깨우친 이를 대신하여 중생을 이끌고 구하는 이를 이르는 것이네. 이는 용이 여의주를 기르고 닭이 알을 품은 일과 같음을 이르는 것이며, 도道를 잉태하는 일이 이미 이루어졌으므로 미묘한 바탕이 되는 본인 스스로의 한 몸이 스스로 자유롭게 되므로 '여러 가지 편리한 방편方便을 충분하게 갖춘 곳에 머무른다.'라고 한다네.

6. 정심주正心住

마주 대하여 드러난 얼굴의 모양이나 상태가 위없는 최상의 깨우침을 얻은 이와 같고 마음자리의 바탕이 되는 모양이나 상태가 또한 이와 같은 일을 "바르고 올곧은 마음자리에 머무른다."라고 한다네. 곧 몸을 움직이는 것뿐만 아니라 마주 대하여 드러난 참된 마음의 바탕이 되는 모양이나 상태도 또한 위없는 최상의 깨우침을 얻은 이와 동일同一하다는 것을 이른다네.

참된 법法을 두고 찬讚하거나 훼방을 놓거나, 어떻든 간에 반야바라밀般若波羅密에 대한 믿음信을 바탕으로 일체 모든 법法을 이해解하고 밝게 깨달아 얻은 참된 법法에 대한 마음이 흔들리지 않는 것이라네. 또한 '중생들이 한량限量이 있다거나 없다거나 또 중생들에게 때가 있다거나 없다거나 그리고 구원救援할 수 있다거나 없다거나.'라는 말을 듣더라도 움직이거나 흐트러지지 않는 마음자리라네. 온전한 지혜인 반야바라밀般若波羅密에 대한 믿음信을 바탕으로 십신十信의 법을 배우면서 25문二十五門, 57과五十七果, 일천칠백공안一千七百公案, 팔만사천법문八萬四千法文 등 일체 모든 법法과 일체 모든 불보살佛菩薩을 마주 대하여 드러날 모양이나 상태가 없으며, 이렇다 저렇다 할 성품도 없고 닦을 것도 없으며, 진실하지 않는 까닭에 텅텅 빈 허공虛空과 같음을 알고 무생법인無生法忍, 곧 '전체로서의 참된 터'에서 물러서지 않는 것을 이른다네. 그리고 법을 듣고 스스로 깨달음을 얻은 자리라네.

드러난 얼굴의 모습과 마음의 바탕이 되는 모양이나 상태가 어느 한쪽으로 기울거나 의지하는 일이 없으며, 위없는 최상의 깨달음을 얻은 이와 다름이 없는 까닭으로 '바르고 올곧은 마음자리에 머무른다.'라고 한 것이라네.

안개와 구름이 흩어지니, 집집마다 밝고 환한 달이 뜨고 눈과 서리가 녹으니, 곳곳 처처가 봄날이라네. 옛날을 되돌려보는 윤회의 왕法輪王이 올바른 기운을 다시금 올바르게 세우니, 굳이 귀중한 깨달음寶印을 드러내지 않더라도 자연스럽게 스스로 높아진다네.

7. 불퇴주不退住

깨우침을 깨달아 아는 일로서의 온전한 지혜인 반야바라밀般若波羅密에 대한 믿음을 바탕으로 일체 모든 법法과 일체 모든 불보살佛菩薩을 이해하고 밝게 깨달아 얻은 참다운 마음자리 가운데서 순수한 지혜를 얻은 일로 몸과 마음이 합하여 이루어지고 날마다 거듭 더하면서 늘고 커지며 거듭 쌓아 가는 일을 '불퇴주不退住'라고 이른다네. 곧 몸과 마음이 하나로 합하여 1년 365일 단 하루도 빠짐없이 늘고 더해지면서 선업善業을 쌓고 쌓은 일을 이른 것이라네.

'불법승佛法僧 삼보三寶가 있다거나 없다거나 참된 도道의 수행으로 태어남과 죽음을 벗어날 수 있다거나 없다거나 깨우침의 순수한 지혜가 끝이 있다거나 없다거나'라고 하는 말을 듣더라도, 깨우침을 깨달아 아는 일로 서의 온전한 지혜인 반야바라밀般若波羅密에 대한 믿음을 바탕으로 일체 모든 법法과 일체 모든 불보살을 이해하고 밝게 깨달아 얻은 참다운 그 마음이 견고堅固한 까닭에 물러서지 않은 것이라네. 또한 깨우침을 깨달아 아는 일로서의 온전한 지혜인 반야바라밀般若波羅密을 바탕으로 25문二十五門, 57과五十七果, 일천칠백공안一千七百公案, 팔만사천법문八萬四千法文 등 일체 모든 법法을 배우면서 하나가 무수無數이며, 무수無數가 하나이고 한 개가 무량無量이며, 무량無量이 한 개이고 맛을 따라 뜻을 알고 뜻을 따라 맛을 알며, 없는 것이 있는 것이고 있는 것이 없는 것임을 깨달아 얻고서 온갖 방편方便을 쌓고 쌓아 가는 자리라네. 또한 들은 법法을 본인 스스로 깨닫는 자리라네. 곧 위없는 최상의 깨달음을 얻은 이의 덕德과 같아서 나아감은 있고 물러나는 일이 없는 까닭으로 '물러섬이 없는 자리에 머문다.'라고 한 것이라네.

밑이 없는 발우에다 향이 좋은 반찬을 받아 들고 구멍 뚫린 주발에다 조주의 차를 담았네. 이를 은근히 받들어 뒤를 따르는 이들에게 권하고서는 반나절 동안 달 꽃을 구경한다네.

8. 동진주童眞住

열 개의 몸十身, 이 신령한 바탕으로서 마주 대하여 드러난 모양이나 상태가 단 한때라도 부족함이나 결함이 없이 충분하게 갖추어져 있는 일을 '동진주童眞住'라고 한다네. 곧 일체 모든 불사佛事에 응하는 열 개의 몸을 일시一時에 빠짐없이 다 갖추는 일을 이른다네.

깨우침을 깨달아 아는 일로서의 온전한 지혜인 반야바라밀般若波羅密을 의지해서 바탕이 되는 이 몸體은 갖추었으나, 아직은 완전하지 못한 까닭으로 아이童로서 말한 것이라네. 열 개의 몸이란 지혜의 몸菩提身, 원하고 바라는 몸願身, 맺거나 합하여 화하는 몸化身, 힘 있는 몸力身, 장엄하는 몸莊嚴身, 위엄과 세력의 몸威勢身, 뜻과 생각의 몸意身, 복이란 몸福身, 법의 몸法身, 지혜의 몸智身을 이르는 것이라네.

깨우침을 깨달아 아는 일로서의 온전한 지혜인 반야바라밀般若波羅密에 대한 믿음信을 바탕으로 한 열 가지 법+信에 의해서 마음이 편해지고 몸身과 말口과 뜻意으로 행하는 모든 일이 맑고 깨끗해지는 것을 이른다네. 비롯됨 없이 태어난 까닭으로 중생의 마음과 욕망, 성품, 업보와 또 그러한 세계가 생기고 없어짐을 알았다네. 때문에 온전한 지혜인 반야바라밀般若波羅密에 대한 믿음信을 바탕으로 한 열 가지 법+信을 배우면서 이 세계가 크게 흔들리고 또 유지되는 것을 알았음을 이른다네. 그러므로 무수無數 무량無量한 세계로 나아가 묘한 법문法門을 묻고 무수無數 무량無量한 답을 알아가면서 잠간 동안 더할 나위 없이 위없는 깨우침을 통한 이를 봉양奉養하고 일체 모든 법法에서 가장 뛰어난 방편方便을 성취成就하기 위해 노력하는 자리라네. 또한 들은 법法을 스스로 깨닫는 마음자리라네.

9. 법왕자주法王子住

본인 스스로가 마주 대하여 드러난 바탕으로서의 모양이나 상태, 모양새를 이루고 태반에서 나와 스스로 깨우침을 깨달아 얻은 이의 자식이 되는 일을 '법왕자주法王子住'라고 이른다네. 곧 '법의 왕자 자리에 머문다.'라고 한다네.

　마음을 처음 일으킨 일初發心로부터 귀하게 태어나는 곳에 머무름生貴까지는 성스러운 잉태에 들어가는 일을 이르며, 방편구족方便具足에서 동진童眞까지는 성스럽게 잉태한 것을 기르고 키우는 일을 이르는 것이네. 그리고 여기 법왕자法王子에 이르러 몸과 마음을 다해 기르고 키운 공功을 마치게 된 까닭으로 "법의 왕자 자리에 머문다."라고 한 것이라네.

　중생이 태어나 죽은 일과 온갖 번뇌와 버릇, 방편과 지혜, 세간 법과 출세간의 법을 제대로 이해하는 자리에 머무는 것이라네. 또한 깨우침을 깨달아 아는 일로서의 온전한 지혜인 반야바라밀般若波羅密에 대한 믿음을 바탕으로 일체 모든 법法과 일체 모든 불보살을 이해하고 밝게 깨달아 얻은 순수한 지혜로써 맑고 깨끗한 빛을 일으키는 경지라네. 때문에 위없는 최상의 깨우침을 얻은 이가 행하는 바른 의미와 참된 마음자리에 들어가서 구별 짓고 나누어 밝히는 일과 무수無數 무량無量한 깨우침을 얻은 이의 법法을 이어받아 명확하게 드러내는 법을 알고 막힘이나 걸림이 없는 지혜를 얻기 위해서 들은 법을 스스로 깨닫는 자리를 이른다네.

　태반胎盤이 둥그렇게 이루어지고 또 때에 따라 눈꽃이 날리거든 생각을 움직여 문득 떠나서는 요긴한 정수리 위로 홀쩍 오른다네. 비롯됨이 없는 참된 도如來道가 고목처럼 말랐다고 적적寂寂하다 말하지는 말게나. 법신法身이 이렇듯 고요함에서 나와 또 다시 되돌려 의지하는 일이라네.

　만일 마음이라 이름 붙인 한 물건이 어지럽게 흐트러진 공空이란 것을 얻게 된다면, 고통도 또한 따라서 없어지는 것이니, 태어나고 죽은 일에 있어서 그 무슨 거리낌이 있겠는가. 하루아침에 문득 태반 속에서 벗어나 한 가롭게 여유 있는 대장부가 되는 것을….

10. 관정주灌頂住

어른이 되었음을 드러내어 표시하는 일처럼 깨우침의 증거로서 머리에 물을 붓는 의식을 하는 일, 이 일을 '관정주灌頂住'라 이른다네. 곧 깨우침 의 자식이 되어 능히 불사佛事를 행함에 있어서 막힘이나 걸림이 없기에 깨우침의 지혜로운 향수를 정수리에 끼얹는 의식을 이르는 것이라네.

깨우침을 깨달아 아는 일로서의 온전한 지혜인 반야바라밀般若波羅密을 바탕으로 처음 마음을 일으키고 난 후에는 반드시 반야바라밀般若波羅密에 대한 믿음을 바탕으로 일체 모든 법法과 일체 모든 불보살을 이해하고 밝 게 깨달아 얻은 순수한 지혜로써 마음자리의 터를 다스린 다음에 수행修 行을 해야 한다네. 닦고 행한 다음에 깨달음의 집에 태어나고 깨우침의 바 탕이 되는 마주 대하여 드러난 모양이나 상태覺相를 갖추기 때문에 최상의 깨달음을 얻은 이의 마음과 같아진다네. 또한 마주 대하여 드러난 깨우침 의 바탕이 되는 모양이나 상태의 몸道體, 본인 스스로의 몸이 커지고 더하 여 무수無數 무량無量한 방편方便으로써 열 개의 몸이 두루 원만해지는 것 이라네. 그러므로 깨달음의 자식이 되며, 깨달음의 집안일을 맡게 되는 것 이라네. 이것이 십주十住의 처음과 마지막 일이라네.

깨우침을 깨달아 아는 일로서의 온전한 지혜인 반야바라밀般若波羅密에 대한 믿음을 바탕으로 일체 모든 법法과 일체 모든 불보살을 이해하고 밝게 깨달아 얻은 순수한 지혜로써 25문二十五門, 57과五十七果, 일천칠백공안一千七百公案, 팔만사천법문八萬四千法文 등 일체 모든 법法의 방편方便과 지혜智慧를 성취하였다네. 그 방편方便과 지혜智慧로써 무수無數 무량無量한 세계를 뒤흔들며, 반야바라밀般若波羅密에 대한 믿음을 바탕으로 일체 모든 법法을 이해하고 밝게 깨달아 얻은 순수한 지혜로써 맑고 깨끗한 빛을 비추어 참다운 마음자리에 머무른다네. 그리고 이 마음자리를 본디 있는 그대로 지켜가면서 장엄莊嚴을 하고 여러 세상을 돌아다니며, 중생들의 근기根基를 따라 인도한다네. 이 자리에 머무르는 몸이 지은 무수無數 무량無量한 선업善業이나 신통神通, 지혜智慧 등 그 경계를 알 수가 없는 것이니, 삼세三世를 아는 지혜, 참된 법을 아는 지혜, 법계法界에 걸림이나 막힘이 없는 지혜가 무수無數 무량無量한 모든 세상에 가득하다네. 또한 비춰 주고 지키면서 나아가는 지혜, 중생들의 근기를 잘 분별하는 지혜를 두루 원만하게 갖추었으며, 일체종지一切種智를 갖추기 위해서 들은 법을 스스로 깨닫고 다른 그 누구의 가르침에 의지하지 않는 참다운 자리라네.

번뇌를 벗어나 그토록 갈망하는 열반涅槃에 이르는 일이란 본래 마주 대하여 드러난 사물로서의 일체 모든 법과 일체 모든 불보살의 모양이나 상태를 이용하는 것이 아니라네. 본래부터 탄탄한 큰 길이 동서남북東西南北 위아래를 벗어나 환하게 트인 것이라네. 분명하게 또 확실하게 끝마치는 일이 본디 그 어떤 다른 것으로 인하여 깨달아 얻은 것이 아니더라도 마주 대하여 드러난 사물의 바탕이 되는 모양이나 상태는 또렷하게 모두 다 한가지라네.

무수無數 무량無量한 깨달음의 참된 힘으로 물러남 없이 머무르는 지혜를 얻고 자비로운 그 시린 빛이 온 세상을 비추어 중생들이 의지할 바가 되는 것이라네. 25문二十五門, 57과五十七果, 일천칠백공안一千七百公案, 팔만사천법문八萬四千法文 등 일체 모든 법법法을 깨달아 얻은 무수無數 무량無量한 경지를 그리워하며 따르고 닦고 행하는 모든 수행자를 볼 때 감로수를 머리에 부어 믿은 마음을 금강金剛같이 만들어 준다네.

깨우침을 깨달아 아는 일로서의 온전한 지혜인 반야바라밀般若波羅密을 바탕으로 한 믿음의 힘이 견고해지고 순수한 지혜를 이룸으로써 깨끗한 마음자리로 참다운 이치를 알며, 앞으로 다가올 세상 사람들을 구하려 무수無數 무량無量한 태어남과 죽음에 뛰어들어 몸과 마음을 다한다네.

깨우침의 지위나 위치가 십신十信을 처음의 원인初因으로 삼고 십주十住, 십행十行, 십회향十廻向으로 나아갈 길로 삼은 것이라네. 이는 등각等覺, 묘각妙覺에 이르기까지 모든 것이 다 서로서로가 의지하고 나아감을 말하는 것이라네. 또한 닦고 행하는 사람들로 하여금 반야바라밀般若波羅密을 바탕으로 한 믿음으로부터 들어가서 깨달은 이가 이룬 순수한 지혜의 위치에 머물며, 이 지혜에 의지해서 닦고 행함을 일으키고 닦고 행함을 성취하는 일에 있어서 본인 스스로 원하고 바라는 마음을 바탕으로 한다네. 이로 인하여 삼현三賢을 뛰어넘어 열 가지 성스러운 자리十聖에 들어가고 등각等覺과 묘각妙覺의 지위에 오르게 한 것이라네.

제12장

10행, 아나함의
十 行　阿 那 含

인연과 과위
因 緣　　果 位

깨우침을 깨달아 아는 일로서의 온전한 지혜인 반야바라밀般若波羅密을 바탕으로 한 25문二十五門, 57과五十七果, 일천칠백공안一千七百公案, 팔만사천 법문八萬四千法文 등 일체 모든 법법法과 일체 모든 불보살佛菩薩의 순수한 지혜로써 머물며, 또 이를 유지維持하고 거듭 쌓아 온 순수한 지혜로써 맑고 깨끗한 밝은 빛, 곧 참다운 깨달음의 지혜佛智로 인하여 깨우친 이가 머무는 곳 '참다운 마음자리의 터', '참다운 터'에 머물게 되었다네. 그러므로 마침내는 미묘한 행행行을 일으켜서 자신도 이로울 뿐만 아니라 남도 이롭게 하는 자리를 이른다네.

1. 환희행歡喜行

깨우침을 깨달아 아는 일로서의 온전한 지혜인 반야바라밀般若波羅密을 바탕으로 한 순수한 지혜로써 머물면서 깨우친 본바탕의 참다운 자식이 되었다네. 그리고 그지없는 미묘한 덕妙德을 부족함 없이 갖추고 마주 대하여 드러난 무수無數 무량無量한 세계에 응하는 일에 있어서 바라는 바 없이 순수하게 따르는 일을 '환희행歡喜行'이라고 이른다네.

일체 모든 법법法을 깨달아 얻은 무수無數 무량無量한 경지로서 깨달음의 미묘한 덕德을 갖춘 까닭으로 인하여 그 어디를 가더라도 옳지 않은 일이 없으며, 스스로도 이롭고 타인도 이로움을 얻고 또 갖추게 한다네. 때문에 요긴한 바탕으로 일체 모든 드러난 모양이나 상태를 마주 대하여 응하는 일이 온전하게 즐겁고 기쁘게 되는 자리라네.

2. 요익행饒益行

일체 모든 중생들이 이익이 되도록 거듭 선업善業을 쌓고 쌓으면서 도움이 되도록 하는 일을 '요익행饒益行'이라고 이른다네.

깨우침을 깨달아 아는 일로서의 온전한 지혜인 반야바라밀般若波羅密을 바탕으로 한 순수한 지혜에 머물면서 깨우친 본바탕의 바라는 바 없는 그 마음을 일으켜 무수無數 무량無量한 행行을 닦는 일이 일체 모든 중생들을 위해 선업善業을 쌓고 쌓는 자리라네.

3. 무진한행無嗔恨行

깨우침을 깨달아 아는 일로서의 온전한 지혜인 반야바라밀般若波羅密에 대한 믿음을 바탕으로 일체 모든 법법法과 일체 모든 불보살佛菩薩을 이해하고 밝게 깨달아 얻은 참다운 마음자리 가운데서 본인 스스로도 깨달음을 얻고 타인도 깨달음을 얻게 하였다네. 이렇듯 깨달아 얻은 바탕이 서로 어긋남이 없음을 '무진한행無嗔恨行'이라고 한다네.

화가 나거나 원통해 하는 것은 바르고 참된 도道에 어긋나고 막힘이나 걸림이 되는 일에서 생기지 않던가. 때문에 이를 달리 이르면 '어긋나거나 거슬림 없는 행이다.'라고 하기도 한다네.

4. 무진행無盡行

온전한 지혜인 반야바라밀般若波羅密을 바탕으로 25문二十五門, 57과五十七果, 일천칠백공안一千七百公案, 팔만사천법문八萬四千法文 등 일체 모든 법法과 일체 모든 불보살佛菩薩과 마주 대하여 드러난 바탕의 모양이나 상태, 그 종류에 따라 일일이 응하면서 생겨나게 하고 앞으로 다가올 무수無數 무량無量한 세계와 세상의 중생까지도 이롭도록 본인 스스로 바라는 바 없는 그 마음을 일으켜 행行할 바를 다하는 자리라네. 곧 과거 현재 미래에 있어서 지극히 평등하고 막힘이나 걸림이 없이 환히 통하게 된 일을 '무진행無盡行'이라고 한다네.

깨우침을 깨달아 아는 일로서의 온전한 지혜인 반야바라밀般若波羅密을 바탕으로 25문二十五門, 57과五十七果, 일천칠백공안一千七百公案, 팔만사천법문八萬四千法文 등 일체 모든 법法과 일체 모든 불보살佛菩薩을 따라 바라는 바 없는 마음으로 응하면서 무수無數 무량無量한 세계와 세상의 많은 중생들과 맞닿아 느끼면서 본인 스스로를 키우고 이롭게 행하는 일이 다함이 없다는 것을 이른다네. 이는 중생을 이끌고 구하기 위해 몸으로 나타내는 일이며, 또한 마주 대하여 드러난 무수無數 무량無量한 모양이나 상태를 드러내어 보이고 화합化合하게 하는 일을 이른다네.

믿고+信 머물며+住, 행行함을 따라 일이 여기에까지 이르면, 아무도 모르게 숨어 살면서 거듭 도道를 두텁게 쌓고 지혜智慧가 있어도 쓰지를 말아야 할 것이니, 갓 태어난 아이가 몇 년 동안 젖을 먹으면서 힘을 기르듯, 그 어느 때보다 성하기를 기다려야 옳은 일일 것이라네.

5. 이치난행離痴亂行

깨우침을 깨달아 아는 일로서의 온전한 지혜인 반야바라밀般若波羅密에 대한 믿음을 바탕으로 일체 모든 법法과 일체 모든 불보살을 이해하고 밝게 깨달아 얻은 참다운 마음자리의 순수한 지혜로써 25문二十五門, 57과五十七果, 일천칠백공안一千七百公案, 팔만사천법문八萬四千法文 등 일체 모든 법法과 일체 모든 불보살을 맑고 깨끗한 단 하나로 이루고 모든 법이 차이가 있거나 이치에 어긋나지 않는 일을 '이치난행 離痴亂行'이라고 이른다네. 곧 어지럽게 흩어진 공空을 벗어나 행하는 자리를 이른 것이라네.

사물의 바른 이치를 드러낸 법法에 밝지 못한 것을 어리석음痴이라 하고 모든 행行하는 일에 있어서 어지럽게 흩어져 뒤섞이는 일을 혼란스럽다亂고 한다네. 그러나 여기에서 행하는 마음자리는 능히 무수無數 무량無量한 법法을 단 하나의 법法으로 드러내어 보이고 차이가 있거나 이치에 어긋나지 않기 때문에 "벗어난다."라고 한 것이라네.

6. 선현행善現行

반야바라밀般若波羅密의 순수한 지혜를 바탕으로 한, 같은 가운데서 무수無數 무량無量한 또 다른 것을 드러내고 제각각 하나하나 마주 대하여 드러난 다른 바탕으로서의 모양이나 상태를 차이가 없이 드러내는 일을 '선현행善現行'이라고 이른다네. 곧 일체 모든 법法과 일체 모든 불보살을 맑고 깨끗한 단 하나로 이루고 모든 법이 차이가 있거나 이치에 어긋나지 않는 이치난행離痴亂行으로써 능히 같은 가운데서 다른 바탕의 모양이나 상태를 드러내고 이 다른 바탕의 모양이나 상태를 동일同一한 바탕의 모양이나 상태로 드러내는 일을 '선현행善現行'이라고 한다네. 곧 일체 모든 법의 사리事理가 널리 어울리어 하나가 되고 구별이 없이 행行한다는 것을 이른다네.

반야바라밀般若波羅密을 바탕으로 한 순수한 지혜로써 어리석음과 혼란스러운 일이 없게 된 자리라네. 때문에 능히 무수無數 무량無量한 법法의 문門이 제각각 나타나고 또 때에 따라 바라는 바 없는 마음을 내어 일일이 응하는 까닭으로 두루 원만하면서 막힘이나 걸림이 없이 본인 스스로 자유롭게 된 것이라네. 이것을 곧 "선善을 드러내어 행한다."라고 이른 것이라네.

7. 무착행無着行

반야바라밀般若波羅密을 바탕으로 한 순수한 지혜의 밝은 빛으로 무수無數 무량無量한 세계와 허공虛空에 이르기까지 또 매우 작디작은 티끌까지도 만족하게 하고 제각각 하나하나의 작은 티끌 속에 무수無數 무량無量한 세계를 나타낸다네. 그리고 이러한 티끌 같은 경계를 나타내어도 서로가 서로에게 머물거나 또는 막힘이나 걸림이 없게 되는 일을 '무착행無着行'이라고 이른다네.

이는 선善을 나타내어 행하는 일善現行로 인한 무수無數 무량無量한 법法
의 문門을 넓히고 더해서 모자라거나 부족함이 없게 한 것이며, 두루 원만
하게 막힘이나 걸림이 없이 환하게 통하는 일을 이른다네. 제각각 하나하
나의 작은 티끌 속에 무수無數 무량無量한 세계가 나타나는 일을 "경계로
나타낸다."라고 이른 것이며, 또한 마주 대하여 드러난 번뇌煩惱의 바탕이
되는 모양이나 상태가 무너지지 않은 일을 "티끌 같은 경계를 나타낸다."라
고 한 것이라네.

8. 존중행尊重行

깨우침을 깨달아 아는 일로서의 온전한 지혜인 반야바라밀般若波羅密을
바탕으로 무수無數 무량無量한 법法의 문門이 하나하나 마주 대하여 나타
나는 모든 일 가운데 수행修行이 제일이 되는 일을 '존중행尊重行'이라고 이
른다네.

무수無數 무량無量한 법法의 문門이 하나하나 마주 대하여 나타나는 일이
란 25문二十五門, 57과五十七果, 일천칠백공안一千七百公案, 팔만사천법문八萬
四千法文 등 일체 모든 법과 일체 모든 불보살을 깨달아 아는 일로서의 온
전한 지혜인 반야바라밀般若波羅密의 덕스러운 성품 때문이라네. '인위적人
爲的인 작용이나 꾸밈이 없는 미묘한 이름으로 본인 스스로 자유롭게 이루
고 또 취하는 까닭으로 높이 받들고 중하게 여긴尊重行다.'라고 한 것이며,
또한 어렵게 얻은 행行, 곧 난득행難得行이라고도 한다네. 이는 오로지 반
야般若의 참된 지혜로 개개의 모양이나 상태, 사물이나 이치 따위를 비춰
보는 힘으로써 일체 모든 법을 깨달아 아는 일로서의 온전한 지혜인 반야

바라밀般若波羅密을 존중尊重한다는 것이라네.

9. 선법행善法行

무수無數 무량無量한 법法의 이치를 널리 통해서 막힘이나 걸림이 없는 까닭으로 능히 무한無限한 세계의 깨우친 모든 이들, 곧 깨달음을 얻은 이들의 본보기軌則를 세우는 일을 '선법행善法行'이라고 이른다네. 곧 선법행善法行이란 일체 모든 법의 이치가 널리 어울리어 하나가 되고 또 구별이 없는 덕德으로써 깨달음을 얻은 모든 이들의 본보기를 이루어서 나타내는 일이라는 것이네.

무수無數 무량無量한 세계의 모든 깨우친 이들이 이 선법행善法行으로 참다운 도道를 이루었으며, 또한 선법행善法行으로써 중생을 이롭게 하는 것이라네.

10. 진실행眞實行

25문二十五門, 57과五十七果, 일천칠백공안一千七百公案, 팔만사천법문八萬四千法文 등 일체 모든 법법과 일체 모든 불보살과 일체 모든 중생과 무수無數 무량無量한 작디작은 티끌과 허공에 이르기까지 하나하나 모든 것은 번뇌가 없이無漏 맑고 깨끗한 것이라네. 깨우침을 깨달아 아는 일로서의 온전한 지혜인 반야바라밀般若波羅密을 바탕으로 일체 모든 법법을 이해하고 밝게 깨달아 얻은 참다운 마음자리의 하나뿐인 본디 있는 그대로의 성품

眞正無爲이, 마주 대하여 드러난 생긴 그대로의 모양이나 상태本然인 일을 '진실행眞實行'이라고 이른다네.

　무수無數 무량無量한 경계를 마주 대하여 막힘이나 걸림이 없이 통하는 경지가 두루 원만하게 이루어졌다네. 때문에 온갖 곳을 다니면서 두루두루 행하는 일에 있어 그 신통함이 본인 스스로 자유롭고 일점 하나 걸림이나 막힘이 없이 노닌다네. 모든 중생을 구제하고 깨닫게 하는 도-乘가 멀더라도 있는 그대로의 무위無爲로써 나아가고 지옥도, 아귀도, 축생도, 아수라도, 인간도, 천상도, 이 육도六度의 문이 깊다 하더라도 쓰임새가 아닌 것不用으로 닦고 행하는 것을 이른다네. 쓰임새가 아닌 것으로 닦고 행한다는 것不用은, 곧 깨우침을 깨달아 아는 일로서의 온전한 지혜인 반야바라밀般若波羅密을 바탕으로 일체 모든 법法을 이해하고 밝게 깨달아 얻은 참다운 마음자리의 맑고 깨끗한 지혜로 행하기 때문에 이렇듯 이른 것이라네.

　십행十行이란 온전한 지혜인 반야바라밀般若波羅密을 바탕으로 일체 모든 법法과 일체 모든 불보살을 이해하고 밝게 깨달아 얻은 참다운 마음자리의 하나뿐인 본디 있는 그대로의 성품眞正無爲을 이른다네. 그리고 이를 마주 대하여 드러난 생긴 그대로의 모양이나 상태本然로서 미묘한 쓰임새임妙用을 있는 대로 모두 한데 묶어서 나타낸 것行이라네. 쓰임새用는 무수無數 무량無量하고 제각각 서로 다르나, 바탕이 되는 몸體은 오로지 밝게 깨달아 얻은 참다운 마음자리의 성품眞性뿐이라네. 이러한 십행十行으로 뒤의 자리나 위치뿐만 아니라 앞서의 법法을 벗어나지 않으며, 모두 마주 대하여 드러난 인연因緣을 바탕으로 서로가 서로를 디디고 서는 까닭으로 따로 차례를 따라 벌여 놓은 것이라네. 그 까닭은 모든 수행修行하는 사람으로 하여금 벌여 놓은 자리나 위치에 따라 한결같게 거듭 더하여 나아가고 쌓아 가면서 오로지 밝게 깨달아 얻은 참다운 마음자리의 성품眞性을 넓게 열고 올바른 도道에 어긋나거나 막힘이나 걸림이 되는 일들을 맑고 깨끗하게 다듬어서 깨우침의 열매를 익히고 또 온전하게 이루도록 한 것이기 때문이라네.

제13장

10회향, 아라한의
十 廻 向　阿 羅 漢

인연과 과위
因 緣　　果 位

십신十信, 십주十住, 십행十行, 곧 삼현三賢에서는 깨우침을 얻은 이나 수행修行을 하는 이들까지 중생을 이끌고 구하려는 자비로운 마음이 많지는 않았다네. 그러나 10회향十廻向에서는 대체로 큰 자비慈悲의 마음으로 이루어져 있기 때문에 세속世俗에 처하면서 중생들을 이롭게 한다네. 이는 곧 온전한 지혜인 반야바라밀般若波羅密을 바탕으로 한 참된 마음자리의 맑고 깨끗한 빛을 되돌려서 중생들이 서로 의지하며 살아가는 세속으로 향한다는 것이라네. 그리고 반야바라밀般若波羅密을 바탕으로 한 순수한 지혜를 되돌려서 중생을 이끌고 구하려는 자비로운 마음이 앞선다는 것이며, 참되거나 속됨眞俗을 두루 원만하고 막힘이나 걸림이 없이 통한 자리라네. 반야바라밀般若波羅密을 바탕으로 한 순수한 지혜와 바라는 바 없는 마음으로 베푸는 자비가 둘이 아닌 하나가 되는 까닭으로 '되돌려 향한다.'라고 한 것이라네. 때문에 닦고 나아가는 수행修行의 미묘한 행위가 십회향十廻向에서 온전하게 갖추어지는 것이라네.

1. 구호중생이중생상회향救護衆生離衆生相廻向

　깨우침을 깨달아 아는 일로서의 온전한 지혜인 반야바라밀般若波羅密을 바탕으로 무수 무량한 일에 신기하게 통하는 까닭으로 수행修行하는 이들의 마음이 흡족해지고 25문二十五門, 57과五十七果, 일천칠백공안一千七百公案, 팔만사천법문八萬四千法文 등 일체 모든 법法을 통해 깨달음으로 가는 모든 일을 이루었다네. 그러므로 맑고 깨끗한 지혜의 밝은 빛으로 남아 있는 모든 시름에서 깨끗하게 벗어나거든, 중생을 이끌고 구하는 일에 바라는 바 없이 그 마음을 되돌려야 한다네. 그리고는 중생을 이끌고 구하고자 하는 바탕의 모양이나 상태를 반드시 없애 버려야만 한다네. 그리고 바라는 바 없이 중생을 이끌고 구하려는 그 마음 그대로 꾸밈이 없는 순수한 마음無爲心을 다시금 되돌려 중생들과 함께 '하나뿐인 전체로서의 참된 터'로 향하는 일을 '중생을 구하고 보호는 하되 중생의 바탕이 되는 모양이나 상태를 떠나 다시금 되돌려 향한다.'라고 이른다네.

신기하게 통하는 까닭으로 마음이 흡족하다는 것으로부터 남아 있는 시름에서 벗어났다고 이른 곳까지는 앞에서 말한 "티끌이 나타나고 세계가 나타나더라도 서로에게 머물거나 막힘이나 걸림이 없다."는 등의 일을 이어받은 것이라네. 이러한 행行을 하므로 인하여 마음이 흡족해지면, 마땅히 되돌려 향하는 일廻向을 닦아야 한다는 것이라네.

되돌려 향하는 마음자리廻向心는 깨우침을 얻은 이와 수행修行하는 이들이 중생을 구하고 이끌려는 자비로운 마음이 가장 깊다네. 그러므로 회향廻向에서는 중생을 구하고 보호保護하는 일이 제일 먼저 앞서야 할 중요한 일이라네. 그러나 중생衆生을 이끌고 구하는 모든 행行을 보면 인위적人爲的이면서 꾸미는 유위有爲를 바탕으로 한 일일뿐, '전체로서의 참된 터'로 가는 길과는 철저하게 어긋나는 일이 아닌가. 때문에 이끌고 구하고자 하는 바탕의 모양이나 상태를 반드시 없애야만 한다네. 그리고 바라는 바 없는 그 마음으로 일으킨 꾸밈없는 있는 그대로의 무위심無爲心을 되돌려 중생들과 함께 '하나뿐인 전체로서의 참된 터'로 향하는 길, 그 길로 회향廻向해야 한다는 것이라네.

2. 불괴회향不壞廻向

온전한 지혜인 반야바라밀般若波羅密을 바탕으로 허물어질 것은 허물어
버리고 또 멀리 벗어날 일은 더 멀리 거듭해서 벗어나는 일을 "무너지지
않는 곳으로 되돌려 향한다."라고 한다네.

반야바라밀般若波羅密을 바탕으로 허물어질 것은 허물어 버린다고 한 것
은 마주 대하여 드러난 무수無數 무량無量한 헛되고 망령된 바탕의 일체 모
든 경계境界에서 멀리 벗어나는 일을 이르는 것이라네. 또 멀리 벗어날 일
은 더 멀리 거듭해서 벗어나야 한다는 것은, 멀리 벗어난 일체 모든 헛되
고 망령된 일에서 거듭해서 더 멀리 벗어나는 일을 이른다네. 이렇게 해서
벗어날 일이 전혀 없게 되면 일체 모든 헛되고 망령된 것이 없게 되어서
무너지지 않은 일不壞을 깨달아 얻게 될 것이라네.

3. 등일체불회향等一切佛廻向

반야바라밀般若波羅密을 바탕으로 깨달아 얻은 순수한 지혜로써 깨달음
의 근본 바탕本覺이 맑아지고 깨달아 얻은 일이 더는 위가 없는 깨우침佛覺
과 전혀 다름이 없어지는 일을 "일체 모든 깨우친 이들이 치우침이 없이
또 차별이 없이 모두가 한결같고 동등同等하다는 것으로 되돌려 향한다."
라고 한다네.

허물어질 것과 허물어지지 않은 것, 이 둘이 없으며, 벗어날 일과 벗어나지 않을 일, 이 두 일이 없어야만 그 맑은 일이, 더는 위가 없는 깨달음을 얻은 이와 같을 것이라네.

4. 지일체처회향至一切處廻向

반야바라밀般若波羅密에 의한 순수한 지혜로써 정성스러우며 깊고도 자세한 맑고 깨끗한 빛이 밝음을 일으켜서, 깨우침의 바탕이 되는 '마음자리 터地'가 최상의 깨달음을 얻은 이의 마음자리佛地와 차별이 없이 한결같고 동등同等하게 되는 일을 "일체 모든 것이 처할 지극한 곳으로 되돌려 향한다."라고 한다네.

깨달아 얻은 일이 맑고 깨끗한 까닭으로 "정성스러우며 깊고도 자세한 깨끗하고 맑은 빛이 밝음을 일으켜서 깨우침의 바탕이 되는 참다운 터의 마음자리가 최상의 깨달음을 얻은 이의 마음자리와 같다."라고 한 것이라네. 앞에서 말한 일체 모든 깨우친 이들이 치우침 없이 또 차별이 없이 모두가 한결같고 동등하다는 것은 평등하고 항상 머물면서 변함이 없음으로써 진여眞如의 바탕이 되는 몸이 차이가 없이 같다는 것을 이른다네. 여기서 말하는 '마음자리 터地'가 일체 모든 것이 처할 지극한 곳에 이르렀다는 것은 평등하고 항상 머물며 변함이 없는 진여眞如의 세계가 두루두루 하다는 것을 이르는 것이라네.

5. 무진공덕장회향無盡功德藏廻向

무수無數 무량無量한 세계와 이 세상에 오신 분如來이 서로 통하고 서로
가 서로에게 깊이 들어가면서도 막힘이나 걸림이 없게 되는 일을 "공덕功德
이 다함이 없는 곳으로 되돌려 향한다."라고 한다네.

위에서 말한 세계란 반야바라밀般若波羅蜜을 바탕으로 한 순수한 지혜에
의지해야 할 이 몸을 제외한 일체 모든 것을 이르는 것이며, 이 세상에 오
신 분이란 '하나뿐인 참다운 마음자리의 터'를 이른다네. 곧 이 두 가지로
나아가는 가운데 수행修行하는 모든 이들이 서로 통하여 들어간다네. 그
러므로 마주 대하여 드러난 참된 세계眞界와 참된 바탕이 되는 몸體이 두
루 원만해지는 것이라네, 때문에 들어가도 막힘이나 걸림이 없이 맑고 깨
끗하게 들어가며, 그 어떠한 사정이나 까닭을 더하지도 않고 있는 그대로
의 힘을 떨치면서 드러내는 까닭으로 덕의 쓰임새德用가 다함이 없는 것無
盡이라네.

6. 수순평등선근회향隨順平等善根廻向

더할 나위 없이 위없는 깨우침을 얻은 이의 바탕이 되는 마음자리의 터
佛地와 같고 이 마음자리의 터 가운데서佛地中 제각각 맑고 깨끗한 인연因緣
이 생기는 것이며, 이러한 인연으로 인하여 밝은 빛을 일으키는 것이라네.
이렇게 마주 대하여 드러난 참다운 마음자리 터의 참된 도道를 취하는 일
을 "차별 없이 한결같고 동등同等하게 따르면서 선을 낳는 근본이 되는 것
善根으로 되돌려 향한다."라고 한다네.

"깨우침을 얻은 이의 바탕이 되는 마음자리의 터佛地와 같다."라고 한 것은 앞에서 말한 "최상의 깨달음을 얻은 분의 바탕이 되는 마음자리와 같다."라는 것을 이른다네. 이는 무수無數 무량無量한 일체 모든 마주 대하여 드러난 모양이나 상태가 처處하는 일에 있어서 제각각 맑고 깨끗한 인연因緣을 일으키고 마주 대하여 드러난 참다운 마음자리 터의 참된 도道를 취하는 일이 평등하고 선한 바탕善根을 따른다는 것이라네.

7. 수순등관중생회향隨順等觀衆生廻向

차별 없이 한결같고 동등하게 따르면서 온갖 선을 낳는 근본善根이 되는 것으로 되돌려 향하는 일로 인하여 마음자리 터의 바탕이 되는 뿌리가 참眞根되게 이루어지면, 무수無數 무량無量한 세계의 모든 중생衆生들이 스스로 본디부터 있는 그대로 마주 대하여 드러나는 본바탕으로서의 성품性品이라네. 그러므로 본인 스스로 본디부터 있는 그대로의 성품이 두루 원만하게 이루어져서 단 한 명의 중생도 잃지 않은 일을 "중생들을 맑고 깨끗한 빛으로 자세하게 비춰 보는 것으로 되돌려 향한다."라고 한다네.

차별 없이 한결같고 지극히 동등함을 따르면서 온갖 선을 낳는 근본이 되는 성품이 참으로 두루 원만하고 막힘이나 걸림 없이 환하게 통하는 까닭으로 법계法界에 두루두루 미치지 않는 곳이 없다네. 때문에 무수無數 무량無量한 세계의 중생들이 모두 나의 근본 바탕이 되는 성품이며, 본인 스스로 온갖 선을 낳는 근본 바탕이 되는 뿌리가 이루어진 것이라네. 그러므로 일체 모든 중생이 근본 바탕이 되는 뿌리善根를 이루는 일에 있어서 전혀 잃을 일이 없는 것이며, 높거나 낮거나 없이 평등하게 비춰 보는 일을 "중생들을 맑고 깨끗한 빛으로 자세하게 비춰 보는 것으로 되돌려 향한다."라고 한 것이라네.

8. 진여상회향眞如相廻向

반야바라밀般若波羅密을 바탕으로 한 맑고 깨끗한 빛으로 25문二十五門, 57과五十七果, 일천칠백공안一千七百公案, 팔만사천법문八萬四千法文 등 일체 모든 법과 일체 모든 불보살佛菩薩을 하나의 몸體으로써 나아가며, 마주 대하여 드러난 일체 모든 모양이나 상태一切相를 벗어났다네. 또한 나아가거나 벗어나는 이 두 가지 일에 집착執着하지 않는 일을 "차별 없이 동등하며 항상 머물고 변함이 없는 근본 바탕의 참된 모양이나 상태로 되돌려 향한다."라고 한다네.

여여如如하므로 나아가는 것이며, 근본 바탕이 참되기에 미혹迷惑에서 벗어나는 것이라네. 그러나 나아가거나 벗어나는 일이 있으면 이는 거짓된 진여假眞如가 아닌가. 그러므로 나아가거나 벗어나는 이 두 가지 일에 집착執着하는 마음이 없어야 이것이 곧 올바른 진여眞如라네.

9. 무박해탈회향無縛解脫廻向

온전한 지혜인 반야바라밀般若波羅密을 바탕으로 일체 모든 법法과 일체 모든 불보살佛菩薩을 이해하고 밝게 깨달아 얻은 참다운 마음자리의 하나뿐인 본디 있는 그대로의 성품眞正無爲인 여여如如한 일을 참되게 얻어서 무수無數 무량無量한 세계에 막힘이나 걸림이 없게 되는 일을 "얽매일 일이 없는 해탈解脫로 되돌려 향한다."라고 한다네.

온전한 지혜인 반야바라밀般若波羅密을 바탕으로 밝게 깨달아 얻은 참다운 마음자리의 하나뿐인 본디 있는 그대로의 성품眞正無爲으로 차별이 없이 동등하며 항상 머물고 변함이 없는 여여如如란 사려분별思慮分別을 더하지 않고 마주 대하여 드러난 생긴 그대로의 모양이나 상태를 이른다네. 거짓된 진여假眞如를 믿고 의지한다면 막힘이나 걸림이 되는 일들이 적지 않을 것이라네. 그러나 여여如如함을 참되게 얻은 까닭으로 무수無數 무량無量한 일체 모든 것에 막힘이나 걸림이 되는 일이 없는 것이라네. 이것이 곧 얽매일 일이 없는 해탈無縛解脫이라고 한 것이라네.

10. 법계무량회향法界無量廻向

차별 없이 동등하며 항상 머물고 변함이 없으면서 사려분별思慮分別을 더하지 않은 마주 대하여 드러난 생긴 그대로의 모양이나 상태, 곧 여여如如의 성스러운 덕德이 두루 원만하게 이루어져서 법계法界를 헤아리는 수數와 양量이 없어진 일을 '무수無數 무량無量한 법계法界로 되돌려 향한다.'라고 한다네.

수행修行 후 처음으로 여여如如의 성스러운 덕德을 깨달아 얻은 까닭으로 위없는 최상의 깨우침을 얻은 이와 가깝거나 같다고 이르는 것이라네. 일체 모든 것이 처할 지극한 곳至一切處에 이른다고 한 것은 모두가 헤아리는 양量과 수數로 보는 일이 있기 때문이라네. 여여如如의 성스러운 덕이 두루 원만하게 이루어져야만 비로소 헤아리는 양量과 수數로 보는 일이 없어지며, 이 일로 인하여 무수無數 무량無量함을 얻게 되는 것이라네. 이것은 모두 다 앞에서 이른 위치나 자리에서 한량이 있게 보는 일限量情見을 다스리는 것이라네. 순수한 지혜의 맑고 깨끗한 빛으로써 본인 스스로의 성품이 두루 원만해져야 三賢, 곧 십신十信, 십주十住, 십행十行의 자리, 수다원須陀洹, 사다함斯陀含, 아나함阿那含, 아라한阿羅漢을 뛰어넘어서 성스러운 열 가지 자리十聖에 들어갈 수 있는 것이라네.

제14장

되돌려 향한다는
일이란
廻 向

이끌고 구할 중생도 없고 이렇다 저렇다 할 한 물건도 없으며, 무수無數 무량無量한 모든 세상이 고요하다면 지을 것도 지을 일도 없는 것을….

　그래도 마주 대하여 드러난 잘못이나 허물의 모양이나 상태는 없어지지 않는다네.

　고요한 일과 혼잡스럽게 시끄러운 일, 이 두 가지에 막힘이나 걸림 없이 또 차별 없이 동등同等하며 항상 머물고 변함이 없는 마음으로 세상사를 살펴보면, 세간世間의 일들을 참으로 밝게 알게 되어서 헛되고 망령된 어리석음에서 멀리 벗어난다네. 이러한 이들은 가히 깨달음의 법法으로 태어나는 것이니, 온갖 공功과 덕德을 모두 다 바라는 바 없는 마음으로 되돌려서 중생에게로 향한다네.

　수행修行하는 자의 마음이 깨우침을 깨달아 아는 일로서의 온전한 지혜인 반야바라밀般若波羅密을 바탕으로 밝게 깨달아 얻은 참다운 마음자리에 편안하게 머무는 까닭으로 헛되고 삿된 어리석음을 없애고 늘 올바른 것이며, 모든 일을 참고 또 잡스러운 일을 벗어나 무수無數 무량無量한 공덕功德을 쌓고 쌓은 것이라네. 또한 이러한 이들의 마음에는 이렇다 할 원한이나 고통이 없기에 늘 바르면서 항상 맑고 깨끗한 것이니, 모든 잘못이나 허물로 꾸며진 세상을 보고 마주 대하여 드러난 많은 일들을 올바르게 구분 짓고 나누어 밝히는 것이라네.

　수행修行하는 이가 생각하는 그 많은 일이란 무수無數 무량無量하고 중생을 이롭게 할 모든 일들을 늘 닦아 나아가며, 세상의 흐름을 따라 기쁘게 만들고 또 마주 대한 중생의 마음을 따라 이치에 맞게 스스로 잘 행行한다네.

깨우침을 깨달아 아는 일로서의 온전한 지혜인 반야바라밀般若波羅密의 순수한 지혜, 그 맑고 깨끗한 빛으로 성내고 어리석은 마음을 여의고 마주 대하여 드러난 모든 잘못이나 허물의 허황됨을 빠짐없이 알고서 최상의 깨달음을 얻은 이의 자리에 항상 머물며, 수많은 중생들을 이롭게 할 것이라네.

마주 대하여 드러난 근본 바탕의 모든 모양이나 상태가 본디 지극히 참된 것과 같이 없어지고 생겨나는 일도 이와 같은 것이며, 현실적現實的이며 평등무차별平等無差別한 절대 진리의 성품이 참된 것과 같이 짓고 만드는 수많은 모든 일들 또한 이러할 뿐이라네. 현실적이며 평등무차별한 절대 진리의 성품眞如이 본래 그 자체가 무수無數 무량無量한 것과 같이 신구의 身口意 수 만 가지로 짓고 만드는 잘못이나 허물 따위도 모두 그러할 뿐이라네.

얽힌 일이 본래부터 없는 것이니, 굳이 나서서 푸네, 마네할 일도 없는 것이고 세간世間의 드러난 모든 잘못이나 허물은 깨끗한 것이라네.

온전한 지혜인 반야바라밀般若波羅密을 바탕으로 더할 나위 없는 깨달음을 얻은 이들은 늘 편안하게 머물며, 움직이거나 흐트러지지 않기에 순수한 지혜의 힘을 거듭 크게 이루어 가지고 위없는 최상의 깨달음으로서 무수無數 무량無量한 방편方便의 세계에 들어선다네. 더할 나위 없는 깨우침의 법을 진실로 얻고 보면 얽힐 것도 없고 집착할 것이 없으니, 거리낄 일이 없으며, 마음이 편안해지는 까닭에 흔들릴 만한 물건이 그 어디에 있겠는가.

반야바라밀般若波羅密을 바탕으로 밝게 깨달아 얻은 순수한 지혜의 맑고 깨끗한 빛에 육근六根이 청정淸淨해진 이 몸에 따라붙은 잘못이나 허물이라는 것은, 무수 무량하게 드러난 모양이나 상태를 따르는 일에 있어서 드러난 참된 모양이나 상태의 깊은 곳에 이르게 되면, 그 드러난 모양이나 상태 또한 이렇다 저렇다 할 것이 없을 것이라네. 그러나 이렇게 생각할 수 없는 일은 생각으로는 끝낼 수 있는 일이 아닌 것이니, 생각으로 미칠 수 없는 깊은 곳에 이르게 되면 생각도 또 생각이 아닌 것도, 모든 일이 고요한 것이라네. 이렇게 생각하는 방법으로써 마주 대하여 드러난 모든 일을 낱낱이 구별 짓고 나누어서 모든 번뇌煩惱를 하나씩 없애 버리면 이를 일러 말하기를 공功과 덕德의 왕이라고 한다네.

마음이라 이름 붙인 물건은 안에도 없고 그렇다고 밖에도 없는 것이며, 마음이라 이름 붙일 만한 물건 자체가 있지도 않건만, 헛되고 망령된 고집으로 마음이라는 물건이 있는 것이니, 이렇듯 망령된 고집만 없다면 본래부터 고요한 것이라네.

무수無數 무량無量하게 드러난 일체 모든 법法과 일체 모든 불보살이란 텅 비어 제 성품性品이 없는 것이니, 가장 좋은 일로써 내가 없음을 분명하게 알게 된다면, 현실적現實的이며 평등무차별平等無差別한 절대 진리의 성품과 중생의 성품은 차별 없이 한결같고 동등한 것이라네. 본래 25문二十五門, 57과五十七果, 일천칠백공안一千七百公案, 팔만사천법문八萬四千法文 등 일체 모든 법法과 일체 모든 불보살의 성품도 또한 그러한 것이라네.

깨우침을 깨달아 아는 반야바라밀般若波羅密을 바탕으로 한 순수한 지혜의 밝은 빛은 마음이라 이름 붙인 물건을 비춰 주고 무수 무량한 거친 세상에 두려움 없이 나서서 참다운 법法을 말하고 제대로 된 참다운 법法의 문門을 열어서 깨우침의 비를 뿌리고 공功과 덕德을 기르게 하는 것이라네.

단 한 번의 생각으로 중생과 현실적現實的이며 평등무차별平等無差別한 절
대 진리의 성품을 제대로 보고'참다운 마음자리의 터'마다 참된 모든 이치
理致를 확실確實하게 드러내고 분명하게 끝마쳐야 한다네修證了義.

제15장

사가행
四加行

수다원須陀洹, 사다함斯陀含, 아나함阿那含, 아라한阿羅漢의 자리나 위치를
다 이루었다면, 지금 다시 수행修行을 더해야만이 성스러운 위치나 자리에
들어서게 된다네. 이는 수행자修行者가 깨우침을 깨달아 아는 일로서의 온
전한 지혜인 반야바라밀般若波羅密을 바탕으로 한 순수한 지혜의 밝은 빛
으로 맑고 깨끗하게 마흔 가지의 마음자리四十一心를 다한 다음에 미묘
하고 두루 원만한 네 가지의 행行을 더하여 이뤄진다네.

　마흔 가지의 마음이란 마르지 않는 지혜가 1이며, 신信, 주住, 행行, 향
向이 각각 10이라는 것이네. 소승小乘을 통해 가르치는 일에 있어서 이 네
가지를 더함이 있다네. 그러나 그리 미묘함도 아니고 또 그리 원만한 것도
아니라네. 때문에 여기서 특별하게 묘원妙圓이라고 이른 것이네. 곧 하나의
마음이 무수無數 무량無量한 마음을 생겨나게 하는 것이며, 무수無數 무량
無量한 마음이 다시 하나의 마음으로 들어가서 마음과 마음이 서로 이끌
고 서로가 서로를 디디고 선다면 어찌 막힘이나 걸림이 있겠는가. 이 가운
데를 미묘함妙과 두루 원만함圓의 두 글자가 모든 의미意味를 포함하고 있
는 것이라네.

1. 온난위熅煖位

더할 나위 없이 위없는 깨우침을 얻은 이佛陀의 그 깨우친 자리를 스스로의 마음으로 삼은 일로 인하여 나아갈 듯이 하면서도 나아가지를 못하고 있다네. 이는 부싯돌로 불을 붙일 때 부싯돌과 부싯돌이 부딪치는 일과 똑같은 상태를 이른다네. 이렇게 마주 대하여 드러난 모양이나 상태를 '온난위熅煖位'라고 한다네. 곧 '따스한 기운이 흐르는 마음자리의 터'라고 이른다네.

더할 나위 없이 위없는 깨우침이란 깨달음의 열매, 곧 수행修行의 결과물을 이른다네. 앞에서는 위없는 최상의 깨달음을 얻은 이와 같게는 되었으나, 참되면서 올바르게 깨달아 얻지를 못하였다네. 때문에 삼현三賢, 곧 십신十信, 십주十住, 십행十行의 위치나 자리에서 몸과 마음을 다한 정성을 다하고 성스러운 자리나 위치로 나아가고자 할 때는 더할 나위 없이 위없는 깨우침의 결과를 얻은 이의 결과물, 곧 각과覺果를 마음의 근본 바탕으로 삼고 또 의지하면서 거듭 공부를 더해서 진정 올바른 깨우침을 얻어야 한다네.

부싯돌로 불을 붙이는 일은 깨달음의 결과를 비유한 것이며, 부싯돌의 쇳조각은 수행을 거듭 더하여 나아가는 일을 비유한 것이라네. 처음의 인연으로 위치나 자리에 들어갔을 때는 곧 바로 깨달음의 결과를 얻지 못하였다네. 때문에 부싯돌의 불꽃에 비유하면서 비로소 따스한 기운이 흐르는 자리로서 그 바탕이 되는 모양이나 상태를 얻었다는 것이네. 이는 깨우침을 깨달아 아는 반야바라밀般若波羅密을 바탕으로 한 순수한 지혜의 밝은 빛으로 깨끗하고 맑은 참된 마음자리에 오르는 일과 같고 성스러운 결과를 일으키려 하므로 '나아갈 듯이'라고 한 것이라네. 또한 공부로 인한 인연으로써 마주 대하여 드러난 모양이나 상태에 얽매이는 일이 있기 때문에 아직은 벗어나지 못했다네. 때문에 "나아가지 못하고 있다네."라고 한 것이라네.

2. 정상위頂上位

스스로의 마음으로도 더할 나위 없는 최상의 깨우침을 얻은 이가 행하여 오른 자리나 위치를 이루었다네. 때문에 의지한 듯이 하면서도 의지하지 않는 자리라네. 비유를 든다면 높은 산을 오를 때 정상에서 이 몸 하나는 허공 가운데로 들어갔으나, 발밑으로는 아직 막힘이나 걸림이 되는 일이 조금 있는 것과 같은 모양이나 상태를 '정상위頂上位'라고 한다네. 곧 '더 이상 위가 없는 마음자리'라고 이른다네.

앞에서는 더할 나위 없이 위없는 깨우침을 스스로의 마음으로 삼았고 여기서는 스스로의 마음이 더할 나위 없는 최상의 깨우침을 얻은 분이 행行하여 오른 지위를 이루어서 깨우침의 결과물覺果과 지극히 가까워졌음을 이른 것이네. 때문에 비유를 들길 높은 산을 오를 때 마치 이 몸이 허공虛空 가운데 들어간 것과 같다고 한 것이라네. 이는 단지 인연因緣과 결과結果가 아직은 두루 원만하게 또 환하게 통하지 못하였다는 것이네. 이일은 남아 있는 자취로 인하여 마음에는 아직 막힘이나 걸림이 있다는 것을 이르는 것이며, 곧 발밑으로는 조금의 막힘이나 걸림이 있다고 한 것이라네. 그러나 더할 나위 없는 최상의 마음자리에 이르렀기 때문에 조금만 거듭 더하여 몸과 마음을 다해 노력한다면 그 조금 있는 막힘이나 걸림은 반드시 없앨 수 있을 것이라네.

3. 인내지忍耐地

　스스로의 마음과 더할 나위 없이 위없는 깨달음의 열매覺果, 이 두 가지가 이제는 하나도 다름이 없이 같은 까닭으로 어느 한쪽으로 치우치지 않는 도中道를 얻었다네. 달리 이르자면 이렇다네. 모질고 거친 일을 잘 참은 사람이 모질고 거친 일을 마음에 품지도 않으며, 또 밖으로 드러내지 않고 행하는 일을 '인내지忍耐地'라고 한다네. 곧 '참고 견디어 내는 마음자리'라고 한다네.

　온전한 지혜인 반야바라밀般若波羅密을 바탕으로 깨달아 얻은 맑고 깨끗한 스스로의 마음과 더할 나위 없는 최상의 깨우침을 얻은 결과로서의 열매가 서로 맺거나 합하여 하나의 근본 바탕이 되는 몸을 이루게 된 것이며, 두 가지가 한 점 다름이 없이 같다는 것이라네.
　인연이나 결과, 이 둘을 모두 잊고 또 이 두 가지의 가장자리가 이루어지거나 세워지지 않은 것을 두고 어느 한쪽으로도 치우치지 않은 도中道라고 한다네. 그리고 어느 한쪽으로 치우치지 않은 중도中道, 이 도를 깨달아 얻은 결과를 얻은 듯이 하면서도 얻지를 못했기 때문에 "모질고 거친 일을 잘 참은 사람이 모질고 거친 일을 마음에 품지도 않으며, 또 밖으로 드러내지 않고 수행한다."라고 한 것이라네.

4. 세제일지世第一地

　온전한 지혜인 반야바라밀般若波羅密을 바탕으로 깨달아 얻은 순수한 지혜로써 헤아리고 또 가려내는 수數와 양量이 줄고 매우 적어졌다네. 때문에 길을 잃거나 갈피를 잡지 못하고 헤매는 일迷, 그리고 깨우침覺, 이 두 가지 어느 한쪽으로도 치우치지 않은 도中道에 있어서 눈에 비치어 아는 일이 둘이 없음을 '세제일지世第一地'라고 한다네. 곧 '세계 제일의 마음자리 터'라고 한다네.

앞에서는 "스스로의 마음과 더할 나위 없이 위없는 깨달음의 열매覺果, 이 두 가지가 이제는 같다."라고 하였다네. 이 말의 의미는 이미 헤아리고 가려내는 수數와 양量의 허물에서 벗어났다는 것이라네. 만일 이쪽도 저쪽도 아닌 가운데와 가장자리가 있다면 길을 잃거나 갈피를 잡지 못하고 헤매는 일과 깨우침, 이 두 가지를 무리하게 나눌 수 있을 것이라네. 그러나 여기서는 그 둘이 없어지고 그에 따라 이름마저도 이루어지지 않는다네. 그리고 헤아리고 가려내는 수數와 양量을 벗어났고 삼현三賢을 뛰어넘었기 때문에 '세계 제일의 마음자리 터'라고 이른 것이라네. 만일 열 가지의 성스러움으로 나아가 미묘한 깨우침을 다하게 되면 이것이 곧 중생이 서로 의지하며 살아가는 세상을 벗어나는 일에 있어서 제일이라고 말할 수 있을 것이라네.

털끝으로 큰 바다를 삼키고 쌀눈이 온 우주를 끌어안을 수 있게 해야 한다네. 신령한 틀과 미묘한 쓰임새가 삼계를 뛰어넘었으나 다른 이들은 전혀 알지를 못한다네.

이르기를 "무불무無不無 불무불不無不"이라. 없다 해도 본래 없는 것이 아니며, 아니라 해도 본래 아닌 것도 없다네.

제16장

거듭 덧붙이는
구구절절

깨우침을 깨달아 아는 일로서의 반야바라밀般若波羅密을 바탕으로 깨달아 얻은 순수한 지혜의 맑고 깨끗한 빛으로 온 세상을 비추어 무수無數 무량無量한 사람들이 더할 나위 없는 깨우침의 실체實體를 뵙게 한다네. 자애로운 밝은 빛으로 '참된 마음자리 터'에 마땅히 계시나 육근六根을 바탕으로 한 잘못이나 허물에 휩싸인 이들은 눈만 멀뚱히 뜨고 고개만 갸웃거리고 있다네.

　더할 나위 없는 깨달음의 공功과 덕德은 무수無數 무량無量하고 여러 개의 몸이 하나가 되고 하나의 몸이 여러 개의 몸이 되어서 이 세상을 다니는 일에 있어 막힘이나 걸림이 없다네. 말로써 표현할 수 없는 그 미묘한 일이 허공虛空에 피는 꽃과 같지 않던가.

　가없고 끝없는 세월을 통해 깨우침을 깨달아 아는 일로서의 반야바라밀般若波羅密을 바탕으로 깨달아 얻은 순수한 지혜로 온갖 행함을 닦으면서 마땅히 '참된 마음자리의 터'를 구해서 더할 나위 없는 최상의 깨우침을 이루고 중생衆生을 구하고 보호保護해야만 한다네.

　구름 한 점 없는 맑은 하늘 높이 뜬 또렷한 달덩이, 그 맑고 시린 밝은 빛은 가없어 눈 있는 사람도 있음을 분간하지 못하는데 하물며 눈이 먼 소경은 어떠하겠는가. 위없는 최상의 깨달음을 얻은 이의 빛도 이와 같아서 온 곳도 없으며 가는 일도 없는 것을, 나지도 않고 멸하지도 않는 이 일을, 예나 지금이나 구별 짓고 나누어 밝힐 수 있는 이가 누구이던가.

깨우침을 깨달아 아는 일로서의 반야바라밀般若波羅密을 바탕으로 깨달아 얻은 순수한 지혜의 맑고 깨끗한 마음자리로 최상의 깨우침을 얻은 이의 빛과 같이 깨우침의 법法 또한 그러한 것이라네. 어제도 오늘도 또 내일도 없는 것이거늘, 운 좋게 본인 스스로의 성품이 없다는 것을 잠시라도 알게 된다면 순수한 지혜의 빛으로 '참다운 터'를 깨달아 얻어 혹惑하는 의심이 없어질 것이라네.

더할 나위 없는 최상의 깨우침을 얻은 무수無數 무량無量한 이 자리, 위치는 참다운 법法의 세계와 같은 것이니, 온 세상 그 어디라도 미치지 않는 곳이 있겠는가. 이러한 참다운 이치를 믿고 따르는 자가 있다면 마침내는 그 어떤 고통에서라도 벗어날 수 있을 것이라네.

무수無數 무량無量한 세월을 보내고 또 보내도 반야바라밀般若波羅密을 바탕으로 깨달아 얻은 깨우침의 울림을 만날 수 없는 것이니, 혹시라도 깨우침의 울림을 만난다면, 이는 깨우침을 얻은 이의 크나큰 구원救援의 힘이라네.

지혜에서 생기지도 않고 지혜가 아닌 것에서도 생기지 않는 일이지만, 마주 대하여 드러난 일체 모든 참다운 법法을 분명하게 알고 중생의 어두운 마음에 빛을 비춰 주는 것이라네.

빛이 있네. 빛이 없네. 이 둘이 있는 것 같지도 않고 없는 것 같지도 않듯이 지혜나 어리석음도 또한 그러하다네. 나고 죽은 일과 또 나고 죽은 일을 떠난 이 두 가지 또한 헛되고 망령된 것이니, 생각이 있거나 생각이 없거나 이 둘은 참된 것이 아니라네.

처음의 마음이 나중의 마음과 서로 같지가 않듯이 눈, 귀, 코, 혀, 몸, 뜻의 여섯 가지가 하나를 두고 아는 일이 서로가 다르다네. '전체로서의 참된 터', '마음자리 터'가 하나이듯, 이를 바탕으로 한 지혜는 모든 번뇌煩惱를 없애 버린다네.

금과 금빛이 서로 다르지 않듯이 법法과 법이 아닌 것의 성품은 하나뿐이라네. 중생衆生이나 중생이 아닌 것이나 이 둘 모두 참되지 않는 것과 같이 법法과 법이 아닌 것도 또한 이러한 것이니 스스로의 성품이 모두 다 있지 않은 것이라네.

내일은 어제의 모양이나 상태가 없는 것과 같이 마주 대하여 드러난 모든 법法이란 참된 것이 하나도 없고 나고 죽은 일과 또 나고 죽은 일을 벗어난 일은 말로만 두 가지일 뿐이니, 무수無數 무량無量한 법이란 이와 같을 뿐 서로 다르지가 않다네.

천千이라 만萬이라 셈하는 법은 많지만 하나씩 덧붙여서 천이 되고 만이 되는 것이듯, 무수無數 무량無量이라 하더라도 근본 바탕으로서의 계산법은 하나뿐이라네. 이를 두고 마주 대하는 사람들은 제 생각대로 많다거나 적다거나 떠들어댄다네.

이 허공虛空이나 저 허공이나 서로 다르지 않지만 사람들이 이름 붙여 동서남북東西南北이라고 한다네. 구별 짓고 나누어 밝히는 헛되고 망령된 일에 고집이 생기면 깨우침을 얻기에는 멀고 먼 남의 이야기일 뿐이라네.

무수無數 무량無量한 중생이 과거 현재 미래라는 어둠에 갇히고 과거 현재 미래에 갇힌 중생은 다섯 가지의 어둠에 잡히는 것이니, 다섯 가지의 어둠은 잘못이나 허물에서 일어나고 잘못이나 허물은 마음에서 일어난다네. 때문에 마음이라 이름 붙인 물건 하나가 어지럽게 또 혼잡스럽게 흩어진 공空과 같은 까닭으로 중생 또한 그러한 것이라네.

세간世間이 세간을 지은 것도 아니고 그 어떤 누구도 세간을 짓지 않았지만, 진정 참된 성품을 알지 못해 나고 죽는 일에 1년 365일 헤매고 있다네. 세간이 바뀌고 달라지면 괴로움이나 고통 또한 달라지고 사람들은 이를 모르기 때문에 생사生死를 헤매는 것이라네. 세간도 비세간도 사실 본래 참된 것이 아닌 것을, 중생이 어리석은 까닭으로 고집만 부리고 있다네.

참됨을 바탕으로 해서 뒤바뀐 삿된 소견所見을 없애 버리면 맑고 깨끗한 참된 스스로의 성품을 분명하게 보고 위없는 깨우침을 얻은 이들이 늘 눈앞에 있을 것이라네.

마주 대하여 드러난 모양이나 빛깔의 성품을 직접 본다고는 하지만 전혀 알 수가 없듯이, 마주 대하여 드러난 아는 일과 또 위없는 최상의 깨우침을 얻은 이가 눈앞에 있어도 어떻게 볼 수 있겠는가.

무수無數 무량無量한 온 세상에 두루 원만하게 나타나는 깨달음의 근본 바탕本體, 이 몸이 깨달음의 근본 바탕本體이 아니며 그렇다고 깨달음의 근본 바탕本體이 이 몸이 아니지만, 분명하면서 깨끗하고 맑은 미묘한 법신法身은 항상 한결같다네.

그림을 그리는 물감과 같이 서로의 빛깔은 다르다지만 그 본체本體는 하나라네. 그 본체와 마주 대하여 드러나는 색깔이 다르다고 이르지만 본체를 떠나서는 마주 대하여 드러날 색깔도 없다네.

마음이 빛이 아니고 빛 또한 마음이 아니라네. 마음을 떠나서는 마주 대하여 드러날 빛이 없고 마주 대하여 드러난 빛을 떠나서는 마음도 없는 것이라네. 마음이란 물건도 변하는 일이니 전혀 알 길이 없다네.

그림에서 드러나는 여러 가지의 물감은 제각각 서로가 서로를 알지 못하듯 그림이 지닌 마음을 그림을 그리는 이도 모르는 것이니, 모든 법法의 성품도 다 그런 것인가 한다네.

마음이란 물건은 그림을 그리는 이와 같아서 오만가지 마주 대하여 드러난 모양이나 상태를 그려 내듯이 무수無數 무량無量한 세상에 존재하는 온갖 물건들은 모두 다 마음이라 이름 붙여진 물건으로 지어진 것이라네.

마음이라 이름 붙인 물건이 그러하듯 깨달음의 열매도 그러하고 깨우침을 얻은 이가 그러하듯 중생도 또한 그러할 뿐이라네. 마음이나 중생이나 깨우침을 얻은 이나 이 세 가지가 전혀 다르지가 않는 것이라네.

마음이라 이름 붙인 물건이 몸이 아니고 몸이라 이름 붙인 물건이 마음이 아니지만 마주 대하여 드러난 모든 일들을 제 마음대로 한다네. 이 세상에서 깨우침을 얻으려는 이는 '참다운 터', 그 '마음자리의 참된 터'가 깨우침의 달콤한 열매인 것을 알아야 한다네.

허공虛空은 텅 비어 깨끗하고 마주 대하여 드러난 모양이나 상태가 없는 것이니, 물건을 의지해야 볼 수가 있는 것이라네. 이 허공 가운데 마주 대하여 온갖 모양이나 상태가 드러나고 그 성품을 우리가 볼 수가 없듯이 너와 나의 깜냥으로는 알 수가 없기에 이 세상 누구라도 깨우침의 근본 바탕을 마주 대하여 드러나는 모양이나 상태를 보지 못한다네.

깨우침의 음성을 듣기는 하지만 들리는 소리가 본래부터 깨우침의 열매가 아니고 소리를 여의고서는 깨우침의 열매 또한 없는 것이니, 이 이치를 구별 짓고 나누어 밝히면서 분명하게 할 이는 누구이겠는가.

제17장

십지,
十 地
깨우침의 본바탕

앞에서의 모든 법法을 모아 서로가 디디고 서서 몸과 마음을 다해 나아
가는 까닭으로 무수無數 무량無量한 일체 모든 법法과 일체 모든 불보살이
이로 인하여 일어나고 생기는 것이라네. 때문에 깨우침의 본바탕地이라고
한 것이라네.

십신十信으로부터 제각각의 자리나 위치마다 마주 대하여 드러나는 자
취를 디디고 서서 서로가 서로를 도우면서 곧바로 미묘한 깨우침妙覺을 넘
어서게 하는 것이라네. 그러나 그 가운데 끊어서 없애 버리거나 깨달아 얻
은 일에 있어서 분명치 않는 것이 있다네. 이는 모든 것을 온전하게 끊어
버리지 못한 일이기 때문에 반드시 꼭 끊어서 없애 버려야 할 일이며, 또
깨달아 얻지 못한 일이기 때문에 반드시 깨달아 얻어야 할 일이라네. 이러
한 일을 두고 이르기를 "그 하나하나의 마음자리 터마다 막힘이나 걸림이
되는 일과 이로 인한 마음자리의 터가 있네. 없네. 라고 하는 이 두 가지
의 어리석음을 끊어 버리고 하나뿐인 참다운 깨우침의 본바탕을 닦은 것
이라네."라고 일렀다네. 그러나 마주 대하여 드러난 이름에 따른 모양이나
상태가 어지럽게 흩어진 공空과 같으며, 번거로운 까닭으로 일일이 드러내
는 것을 생략하고 단지 제각각 드러난 자취를 디디고 서서 서로가 서로를
돕고 의지하는 뜻만을 잡아서 풀어 쓴 것이라네.

1. 환희지歡喜地

닦고 행하는 자가 깨우침을 깨달아 아는 일로서의 반야바라밀般若波羅密을 바탕으로 깨달아 얻은 큰 지혜가 막힘이나 걸림이 없이 두루 원만하게 되어, 깨달아 얻은 순수한 지혜가 '참다운 터'와 제대로 잘 통하며, 더할 나위 없이 위없는 최상의 깨우침을 얻은 이와의 경계境界가 없어진 일을 '환희지歡喜地'라고 이른다네.

앞에서는 깨우친 일과 깨우치지 못한 일을 두고 서로 같다고는 하였으나, 이는 더할 나위 없이 위없는 최상의 깨우침과 참된 지혜의 경계를 다하지 못했기 때문이라네. 그러나 지금은 행하여 나아감, 곧 수행修行을 거듭 더하고 더하여 미묘하게 두루 원만해진 까닭으로 막힘이나 걸림이 없이 환하게 통하는 일을 다 할 수 있다는 것이라네. 이러한 까닭으로 인하여 법法의 기쁨이 거듭 더하고 보태지므로 여기서는 즐겁고 기쁨이 되는 근본 바탕이라고 한 것이라네.

사람이 바라는 바 없는 마음으로 착한 일을 닦고 또 모아서, 맑고 깨끗한 마음으로 위없는 깨우침을 얻은 이를 섬기고 깨우침을 깨달아 아는 반야바라밀般若波羅密을 바탕으로 깨달아 얻은 순수한 지혜로써 25문二十五門, 57과五十七果, 일천칠백공안一千七百公案, 팔만사천법문八萬四千法文 등 일체 모든 법法과 일체 모든 불보살에 대한 청정한 믿음信과 온전한 이해解로 무수無數 무량無量한 지혜를 일으키는 것이라네.

바라는 바 없이 베푸는 마음자리의 터를 바탕으로 깨달아 얻은 순수한 지혜를 으뜸으로 세워서 25문二十五門, 57과五十七果, 일천칠백공안一千七百公案, 팔만사천법문八萬四千法文 등 일체 모든 법法과 일체 모든 불보살을 방편

方便으로 삼아 행行을 제대로 닦아야 한다네. 그러면 바라는 바 없이 베푸는 마음자리의 터가 한결같아서 그 바탕으로 생기는 힘이 무수無數 무량無量할 것이라네.

온전한 지혜인 반야바라밀般若波羅密을 바탕으로 깨달아 얻은 맑고 깨끗하며, 바라는 바 없이 마음을 일으킨 수행자修行者는 평범한 범부凡夫를 벗어나 깨우침의 행十行에 이르게 되고 깨우친 이의 집안에 태어나서 위없는 최상의 지혜를 이룰 것十廻向이라네. 이러한 마음이 일어날 때는 처음의 마음자리初地로 들어가 마음자리 터가 움직이거나 흔들리지 않은 태산과 같아지고 즐겁게 기뻐하는 모양이나 상태가 밝게 드러나, 깨달음의 큰 지혜를 이어 가게 될 것이라네.

서로 다투는 일을 즐겨하지 않고 성내는 마음을 일어나지 않게 하면서 스스로를 낮추고 공손하게 즐겨 익히면서 수행修行하고 올바른 마음을 닦아서 중생을 이끌어야 할 것이라네.

2. 이구지離垢地

서로가 전혀 다른 성품이 맺거나 합하여 함께 같은 곳에 들어가는 일과 서로가 같은 성품이라도 서로가 서로에게 없어진 일을 '이구지離垢地'라고 한다네.

깨우침을 깨달아 아는 반야바라밀般若波羅密을 바탕으로 맑고 깨끗한 큰 지혜를 환하게 통해서 위없는 최상의 깨우침, 그 깨우침의 드러난 경계를 다하면 막힘이나 걸림이 되는 모든 일이 곧 올바른 이치를 다한 마지막 깨우침究境覺이며, 또한 중생과 이 모든 세상이 다 같은 성품이라는 것이네.

이는 서로 다른 성품이 맺거나 합하여 같은 곳으로 들어가는 일을 이른다
네. 그러나 서로 다르다는 것을 보게 되거나 또 같다는 것을 보게 되면,
도리어 이는 마주 대하여 드러난 모양이나 상태에 집착執着하는 허물이 되
는 것이라네. 때문에 '서로 같다는 성품까지도 없어져야만 허물에서 벗어
났다.'라고 할 수 있는 것이라네.

3. 발광지發光地

깨우침을 깨달아 아는 일로서의 온전한 지혜인 반야바라밀般若波羅密을
바탕으로 일체 모든 법法과 일체 모든 불보살을 청정하게 이해하고 밝게
깨달아 얻은 참다운 마음자리의 맑고 깨끗한 지혜가 지극히 다하여 밝음
이 생기는 일을 '발광지發光地'라고 한다네.

깨우침을 깨달아 아는 반야바라밀般若波羅密을 바탕으로 밝게 깨우쳐서
보는 일을 따라 마주 대하여 드러나는 바탕의 모양이나 상태, 이 모양이
나 상태의 허물이 맑아지면 미묘한 깨우침妙覺의 밝음이 생긴다네. 이 자
리에 이르면 무수無數 무량無量한 일체 모든 법과 일체 모든 불보살의 참된
성품을 살피게 된다네. 더하여 일체 모든 법은 항상 하지 않고 고통스러운
것이며, '나'라고 할 것도 없고 깨끗하지 못한 까닭으로 반드시 없어질 줄
을 안다네.
깨우침을 깨달아 아는 반야바라밀般若波羅密을 바탕으로 깨달아 얻은 25
문二十五門, 57과五十七果, 일천칠백공안一千七百公案, 팔만사천법문八萬四千法文
등 일체 모든 법法과 일체 모든 불보살의 참된 성품이란 지어지는 일도 없
고 생기지도 않으며, 오는 것도 아니고 가는 것도 아니라는 것을 깨닫는

본바탕을 이른다네.

4. 염혜지焰慧地

깨우침을 깨달아 아는 반야바라밀般若波羅密을 바탕으로 깨달아 얻은 본
바탕의 맑고 깨끗한 밝은 빛이 마음을 다한 정성으로 깨우침이 두루 원만
하게 되는 일을 '염혜지焰慧地'라고 한다네.

온전한 지혜인 반야바라밀般若波羅密을 바탕으로 깨달아 얻은 본바탕의
맑고 깨끗한 밝은 빛이 마음을 다한 정성으로 깨우침이 두루 원만하게 되
는 일을 비유하자면, 작은 불이 모여서 큰 불을 이루게 되면 무수無數 무량
無量하게 드러난 인연의 그림자가 모두 다 없어지는 것과 같으므로 '불꽃처
럼 타오르는 지혜'라고 한 것이라네. 이렇듯 지혜로운 마음이 깊어지고 깨
끗해지면서 믿고자 하는 마음이 더욱 선명鮮明해지고 세월이 더할수록 선
업善業을 낳는 근본 바탕이 거듭 더하여 쌓고 쌓이는 자리라네.

5. 난승지難勝地

깨우침을 깨달아 아는 반야바라밀般若波羅密을 바탕으로 한 순수한 지혜
로써 깨달아 얻은 25문二十五門, 57과五十七果, 일천칠백공안一千七百公案, 팔
만사천법문八萬四千法文 등 일체 모든 법法과 일체 모든 불보살佛菩薩의 참된
성품이 같다거나 다르다는 것이 다하여도 미치지 못하는 일을 '난승지難勝
地'라고 한다네.

앞에서는 서로가 다른 성품이 맺거나 합하여 함께 들어가는 일과 서로가 같다는 성품도 또한 없어졌다네. 그렇다면 이것은 이를 수 있는 드러난 경계境界가 있다는 것이 아닌가. 그러나 여기서는 불꽃처럼 타오르는 지혜로써 25문二十五門, 57과五十七果, 일천칠백공안一千七百公案, 팔만사천법문八萬四千法文 등 일체 모든 법법과 일체 모든 불보살佛菩薩의 무수無數 무량無量한 인연因緣의 그림자를 끊어 버렸다는 것이라네. 그러므로 같다거나 다르다는 것이 미칠 수가 없는 것이라네. 드러내서 미칠 수 있는 것도 능히 뛰어넘지를 못하는데 어찌 누가 이를 뛰어넘을 수 있겠는가. 때문에 "올라서기에는 매우 어려운 마음자리라네."라고 한 것이네.

6. 현전지現前地

온전한 지혜인 반야바라밀般若波羅密을 바탕으로 밝게 깨달아 얻은 본디 있는 그대로의 성품眞正無爲으로 차별 없이 동등同等하며 항상 머물고 변함이 없고 온갖 것의 밑바탕에 흐르는 진여眞如와 같게 되어서無爲眞如 맑고 깨끗한 성품이 밝게 드러나는 일을 '현전지現前地'라고 한다네.

차별이 없이 동등하며 항상 머물고 변함이 없고 온갖 것의 밑바탕에 흐르는 맑고 깨끗한 진여眞如의 성품이 사람에게 없는 것은 아니라네. 그러나 대체로 항상 같다거나 다르다고 보는 일로 인하여 서로 구별 지어지고 가려지는 일이 있다네. 그러므로 같다거나 다르다고 보는 일이 서로 맞닿아 이르지 않으면 맑고 깨끗한 성품이 밝게 드러나 곧바로 눈앞에 나타나는 것이라네.

7. 원행지遠行地

우주 만유萬有의 실체實體로서 현실적現實的이며, 차별 없이 동등하고 항상 머물면서 변함이 없는 절대 진리, 곧 진여眞如의 마지막까지 다한 일을 '원행지遠行地'라고 한다네.

우주 만유萬有의 실체로서 현실적이며, 차별이 없이 동등하고 항상 머물면서 변함이 없는 절대 진리가 지금 곧바로 눈앞에 나타났다 하더라도 제각각 하나하나씩 번뇌를 끊어 나가면서 깨우침을 얻은 일분증一分證은 지극히 한 부분에 한정된 일이라네. 그러므로 마지막까지 온 힘을 다해야만이 널리 뛰어넘어 끝까지 나아갈 수 있기 때문에 "멀리 아득하게 행하는 마음자리라네."라고 한 것이라네.

8. 부동지不動地

우주 만유萬有의 실체實體로서 현실적現實的이며, 차별이 없이 동등하고 항상 머물면서 변함이 없는 절대 진리, 곧 '전체로서의 참된 터眞如,' 오로지 하나뿐인 이 마음을 이름 붙여 이르기를 '부동지不動地'라고 한다네.

진여眞如의 마지막까지를 다하고 그리고 지극한 바탕이 되는 참된 스스로의 몸體을 얻었으며, 이 "하나뿐인 전체로서의 참된 터眞如가 변함이 없으므로 움직이지 않는 자리다."라고 한 것이라네.

9. 선혜지善慧地

'하나뿐인 전체로서의 참된 터眞如'가 그 쓰임새用를 일으키는 일을 '선혜지善慧地'라고 한다네.

깨우침을 깨달아 아는 반야바라밀般若波羅密을 바탕으로 깨달아 얻은 순수한 지혜로써 참된 바탕이 되는 스스로의 몸을 이미 얻었다면, 필히 참된 쓰임새를 일으키게 되고 무수無數 무량無量한 일체 모든 것을 비추고 응하는 일에 있어서 참되지 않는 일이란 없다네. 또한 여여如如하므로 곧 사려분별思慮分別을 더하지 않는 본디 있는 그대로의 모양이나 상태이기 때문에 '선善으로써 베푸는 지혜의 마음자리'라고 한 것이라네.

짚고 넘어가야 할 일

앞서 닦고 익힌 공부를 끝마치고서 그 공功과 덕德이 막힘이나 걸림이 없이 두루 원만해진 까닭으로 이 마음자리의 터, 곧 '전체로서의 참된 터'를 '닦고 익히는 자리修習位'라고도 한다네. 이 말의 의미는 앞의 것을 매듭짓고 뒤에 드러내는 것을 나타내기 위한 것이라네. 성스러운 자리가 모여 모두 뭉치면 다섯이라네.

첫째는 공부에 꼭 필요하고 공부에 쓰이는 바탕으로서 삼현三賢을 이른다네. 곧 십신十信, 십주十住, 십행十行의 과위果位라네.

둘째는 행行함을 거듭 더하는 일四加行이니, 스스로가 성스러운 자리에 홀로 이르는 것을 말한다네.

셋째는 막힘이나 걸림이 없이 환하게 통하는 일로써 처음의 마음자리初

地를 이른다네. 곧 십지十地의 처음 마음자리, 환희지歡喜地 이른다네.

넷째는 닦고 익히는 일로써 지금의 이 자리, 곧 닦고 익히는 자리로서 선혜지善慧地를 이른다네.

다섯째는 더 이상 배울 일이 없는 자리無學로서 미묘한 깨달음의 자리妙覺를 말한다네. 처음 믿음을 일으킨 일信發로부터 삼현三賢을 뛰어넘어 성스러움에 들어가는 일에 이르기까지 모두 다 닦고 익히는 자리라네. 그러나 이 선혜지善慧地는 앞의 여덟 자리 도道를 뛰어넘어서 지혜와 자비가 두루 원만하게 되었다네. 때문에 닦고 익히는 공부가 이 자리에서 끝나는 것이며, "닦고 익힌다."라고 한 것이라네. 이는 십지十地의 인연을 매듭지어 밝힌 것이며, 이후로는 모든 것이 십지十地의 결과물인 열매果이기 때문에 달리 닦고 익힐 필요가 없다는 것이라네. 인연으로 맺은 마음자리因地는 닦고 익히는 일이 있는 것이며, 깨달아 얻어 열매를 맺은 마음자리果地는 닦고 익힐 일이 없는 것을 뜻한다네.

뒤의 자리에서는 닦고 익힐 일은 없고 막힘이나 걸림을 끊은 일이 있는 것은 어찌 된 것일까. 이는 단지 십지十地의 깨달아 얻은 열매覺果를 밝혔을 뿐이라네. 따지고 본다면 곧 막힘이나 걸림을 끊은 일에 대하여 논한다면 등각이라는 자리等覺位도 사실 닦고 익혀야 하는 자리이므로 미묘한 깨우침妙覺에 이르러야 더 이상 배울 것이 없다無學고 할 수 있다네.

10. 법운지法雲地

깨우침을 깨달아 아는 일로서의 온전한 지혜인 반야바라밀般若波羅密을 바탕으로 밝게 깨달아 얻은 참된 성품의 부드러운 자비와 오묘한 쓰임새가 깨달아 얻은 불생불멸不生不滅의 바다涅槃海를 가득 덮은 일을 '법운지法

雲地'라고 한다네.

　부드러운 자비란 무수無數 무량無量한 중생들을 한명도 빠짐없이 두루두루 어루만져 주는 일을 이르는 것이며, 오묘한 쓰임새란 여러 가지의 몸으로 다투어 드러내는 모양이나 상태를 이른다네. 이는 곧 십지十地를 깨달아 얻은 결과물結果物로서의 덕德을 이르는 것이며, 불생불멸不生不滅의 바다란 미묘하게 깨달아 얻은 결과의 자리를 이른 것이라네.

　지혜와 자비의 공功과 덕德이 부족하거나 모자람이 없는 자리라네. 또한 자신을 이롭게 하지 않고 남을 이롭게 한다네. 그러므로 큰 자비의 부드러운 그늘이 무수無數 무량無量한 법계法界에 가득한 까닭으로 인연因緣도 없고 마음도 없다네. 그렇지만 저 깊고 넓은 인연의 바다에 응하며, 이롭고 윤택한 일을 베풀되 본래 고요하면서 바라는 바 없고 인위적人爲的인 꾸밈이 없다네. 때문에 불생불멸不生不滅의 바다를 덮는다고 이른 것이라네.

제18장

등각위
等覺位

깨우침을 깨달아 아는 일로서의 온전한 지혜인 반야바라밀般若波羅密에 대한 믿음信을 바탕으로 25문二十五門, 57과五十七果, 일천칠백공안一千七百公案, 팔만사천법문八萬四千法文 등 일체 모든 법법과 일체 모든 불보살佛菩薩을 이해解하고 밝게 깨달아 얻은 참된 마음자리의 바탕이 되돌아서 흐르면, 이를 따라 순수하게 행하는 일을 지극히 다하면서 깨우침으로 이어 주는 참된 터로 들어가 서로 어긋나거나 막힘이나 걸림이 되는 일 없이 어울리는 일을 '등각위等覺位'라고 한다네.

온전한 지혜인 반야바라밀般若波羅密에 대한 믿음信을 바탕으로 일체 모든 법법과 일체 모든 불보살을 이해解하고 밝게 깨달아 얻은 참된 마음자리의 깨끗하고 맑은 법법의 미묘한 스스로의 몸은 흙탕물 속에서 피어나는 연꽃이 더러움에 물들지 않는 것과 같다네. 여러 가지의 몸으로 나타나는 일이란 만萬개의 강에 비친 달로 나타날 것이나 만萬개의 강에 비친 달 또한 허공虛空에 뜬 하나의 참된 달과 같을 뿐이라네.

십지十地의 깨우침을 얻은 이가 중생이 서로 의지하며 살아가는 세상에 어울리면서 이들을 이롭게 하는 일은 더할 나위 없는 최상의 도道를 얻은 이와 같다네. 단지 취取하고 향向하는 일에 있어서 거스르거나 순하게 따르는 일이 서로가 다른 것뿐이라네. 곧 더할 나위 없는 최상의 도道를 얻은 이는 거슬러 흐르면서 만물萬物과 함께 나아가는 것이며, 십지十地의 깨달음을 얻은 이는 불생불멸不生不滅의 바다를 따라 순하게 흐르면서 미묘한 깨달음妙覺으로 들어가는 것이라네.

등각위等覺位, 곧 여기서는 이미 깨우침의 곁에 이르렀기 때문에 "들어가서로 어울린다."라고 한 것이며, 더할 나위 없는 최상의 도道를 얻은 이와 별다른 차이를 보이지 않기에 '차별이 없는 가지런한 깨달음'이라고 한 것이라네. 이는 곧 해탈解脫 앞에서는 구분 짓고 나누어 밝힐 도리가 없다는 것을 이른다네. 이 자리가 비록 가지런하고 차별이 없이 동등하기는 하지만 미묘한 깨우침을 다하지는 못하였다네. 그러므로 마땅히 큰 적멸寂滅의 바다로 흘러 들어가서 그 미묘함이 만물萬物과 같아야만 미묘한 깨우침, 곧 묘각妙覺에 오를 수 있다네.

제19장

금강혜
金 剛 慧

마르지 않는 지혜의 마음乾慧心으로부터 차별이 없이 가지런한 깨달음의 자리等覺에 이르러야만 깨달아 얻은 일이 비로소 금강 같은 마음 가운데金剛心中 마르지 않은 지혜의 첫 마음자리乾慧地를 얻게 된다네.

이 자리의 이름은 등각 다음의 마음자리라고 이르며, 미묘한 깨달음妙覺을 항복받은 도道라고도 이른다네. 미묘한 깨달음으로서의 도, 곧 묘각妙覺의 도道는 마주 대하여 드러난 바탕으로서의 모양이나 상태가 달리 없으며, 그 행함도 또한 그러하다네. 금강혜金剛慧는 단지 마르지 않는 지혜의 첫 마음자리乾慧地부터 차별이 없는 가지런한 깨달음의 자리等覺까지만 의지하는 것을 이른다네. 또한 금강金剛과도 같은 지혜의 마음을 일으켜서 처음부터 또 다시 모든 자리에 걸쳐서 작디작은 인연의 그림자인 마지막 남은 무명無明까지도 끊어 내는 것이라네.

아주 작은 티끌마저도 없애 버려야 미묘한 깨달음, 즉 묘각妙覺의 자리에 들어갈 수 있는 것이니, 이는 처음의 자리부터 만들어 가는 것이므로 금강金剛 같은 마음 가운데를 마르지 않는 지혜의 첫 마음자리로 삼아야 한다는 것이네. 이 말은 서로 구별 짓고 나누어 밝히는 아는 일의 어두움을 모두 없앤 자라야 금강 같은 지혜의 자리에 들어 갈 수 있다는 것을 이른다네. 앞에서 처음의 자리로 말한 마르지 않는 지혜의 마음자리, 곧 간혜지乾慧地는 깨우침을 깨달아 얻은 이의 법과 맞닿아 흐르지 못함을 이른 것이며, 여기서 말한 마르지 않는 지혜金剛慧란 불생불멸不生不滅의 바다나 참다운 마음자리와 마땅히 서로 맞닿는 일을 이른 것이라네. 때문에 이름은 같아도 뜻은 전혀 다른 것이라네.

제20장

묘각
妙 覺

이렇듯 거듭 더하여 12를 거치고單 또 다시 되돌려 거쳐야만複 미묘한 깨달음妙覺을 다하여 더할 나위 없이 위없는 최상의 도無上道를 이룰 수가 있는 것이라네.

　마르지 않는 지혜의 첫 마음자리乾慧地로 인하여 모든 자리를 피하지 않고 거치는 일을 단單이라 하고 금강 같은 지혜의 마음을 바탕으로 또 다시 거듭하여 모든 자리를 거치는 일, 이를 복複이라 한다네.

　12는 건혜乾慧, 십신十信, 십주十住, 십행十行, 십회향十廻向, 온난위熅煖位, 정상위頂上位, 인내지忍耐地, 세제일지世第一地, 십지十地, 등각等覺, 금강혜金剛慧를 이른다네. 이 12가 인연이 되고 또 미묘한 깨달음의 결과에 이를 수가 있는 까닭으로 12를 거치고 또 다시 금강혜金剛慧를 바탕으로 되돌려 거쳐야만 한다고 이른 것이라네.

제21장

거듭 더하여
공을 들임
功

이렇듯 금강과도 같은 지혜로운 마음金剛慧心을 바탕으로 다시 되돌리는 일로 일체 모든 법法의 참 지혜를 거듭 더하여 나아가 쌓고 쌓아야만 한다네. 그리고 이를 바탕으로 본디 있는 그대로의 성품眞正無爲으로써 차별이 없이 동등하며 항상 머물고 변함이 없으며, 온갖 것의 밑바탕에 흐르는 묘각妙覺을 취하여 제대로 잘 이룰 수가 있는 것이라네. 55의 자리와 또 그 차례를 비추어 보는 자를 "올바르게 비추어 본다."라고 말하며, 이것과는 다르게 비추어 보는 일을 "어긋나게 비추어 본다."라고 한다네.

　사람의 몸을 얻기란 그리도 어려운 것을 지금의 생生에서 불현듯 이 몸을 얻었다네. 더할 나위 없는 깨우침의 법을 듣기란 어려운 것을 내가 오늘 들었다네. 어찌해야 참다운 문門을 열고 제대로 깨우침을 깨달아 아는 일로 들어갈 수 있겠는가.

　십신十信, 십주十住, 십행十行, 십회향十廻向, 십지十地가 50이 되고 건혜乾慧, 사가행四加行, 등等, 묘妙를 아울러서 57의 자리가 있다네. 여기서 55의 자리만 가리켜서 지혜의 길이라고 한 것은 등等과 묘妙는 깨달음의 결과, 곧 지혜의 열매이기 때문이라네. 이 길道로 인하여 깨우침을 깨달아 얻을 수 있는 올바른 길로 갈 수 있는 것이라네. 만일 이러한 자리나 차례가 없다고 여기면서 또 이러한 인연因緣이나 결과結果가 없다고 고집을 부린다면 이것이 바로 어긋나게 비춰 보는 일이라네.

더할 나위 없이 위없는 올바른 깨우침은 이러한 자리나 차례로 인하여 얻게 되는 것이며, 무수無數 무량無量한 일체 모든 것이 지혜의 바다로 들어가는 일이란 이로 인하여 이루어지는 것이라네.

후기

　은사恩師 일휴一休 스님 고맙습니다. 흔적이 없음을 늘 잊지 않고 열심히
'병신 하니 등신 하네.' 하며, 재미있게 놀다 가겠습니다. 엎드려 꼭 부탁드
리오니, 넋이 흩어진 비좁은 세상에 옴짝달싹할 자리나 하나 봐주세요.

　못난 제자 일지 합장배례하옵니다.

삼계三界

생사生死를 수없이 되풀이하며 그침 없이 미망迷妄의 세계를 떠도는 중생계衆生界를 욕계欲界, 색계色界, 무색계無色界의 셋으로 나누어 구분지어 이르는 것이네.

첫째, 욕계欲界란 식욕食慾, 음욕淫慾, 수면욕睡眠慾 따위의 본능적本能的인 욕망慾望의 세계를 이르는 것이라네.

둘째, 색계色界란 욕계欲界와 무색계無色界의 중간 세계로 탐욕貪慾에서는 벗어났으나 아직 色心까지는 벗지 못한 세계를 이른다네.

셋째, 무색계無色界란 모든 색신色身을 벗어나 정신적精神的으로만 사는 세계를 이른다네.

사제四諦

사제四諦는 고집멸도苦集滅道를 이르는 것이라네. 사성제四聖諦라 하기도 하고 또 사진제四眞諦라 하기도 한다네. 이는 곧 더할 수 없이 뛰어난 사람이 마주 대하여 드러난 사물의 모양이나 상태를 살피어 가지는 견해見解로서 참된 것을 이른다네.

첫째, 고제苦諦는 삼계三界와 육도六途에 의한 인과응보因果應報에 따른 고통을 이른다네. 곧 허물이나 잘못에 대한 미혹함의 결과를 말한다네.

둘째, 집제集諦는 탐貪, 진瞋, 치癡 등으로 인한 번뇌煩惱와 선과 악에 따른 무겁게 짊어진 짐業이라네. 번뇌와 업, 이 두 가지가 삼계육도의 인과응보에 따른 결과를 잡아끌어서 모을 뿐만 아니라 고통스러운 길로 내딛게 만들며, 악업만 거듭 더하여 쌓고 쌓게 한다네. 이는 미혹함이라는 결과를 불러들인 직접적直接的인 원인이 된다네.

셋째, 멸제滅諦는 일체의 번뇌煩惱에서 벗어난 불생불멸不生不滅의 경지로서 열반涅槃을 이르며, 열반은 앞서의 미혹한 업을 없애 버리고 생사윤회의 고통을 끊어 버린 진공적멸眞空寂滅의 경계境界를 이른다네. 곧 깨우침을 체득體得한 일오一悟로서 마주 대하여 드러난 참된 모양이나 상태의 본바탕實質을 이른다네.

넷째, 도제道諦는 팔정도八正道를 이르는 것으로 능히 열반涅槃으로 통하는 도를 이른다네. 이는 깨우침을 체득體得하는 직접적直接的인 원인을 이르는 것이네.

고집멸도苦集滅道 가운데 고苦와 집集은 생사를 수없이 되풀이 하며 미망迷妄의 세간世間을 떠도는 까닭으로 인因하여 얻어진 결과果라네. 이는 변하며 흘러서 멈추지 않는 까닭으로 얻어진 결과를 이르며, 곧 세상살이를 하면서 행하는 선악善惡에 따른 인과응보因果應報를 이르는 것이라네. 그리고 멸도滅道는 열반涅槃, 적멸寂滅을 불러들인 까닭으로 인因하여 얻어진 결과果를 이른다네. 이는 세간을 벗어난, 곧 속세의 생사 번뇌에서 해탈하여 깨우침을 얻은 직접적인 원인因이면서 그 결과果를 이른다네.

이 네 가지를 모두 진실眞實이라고 한 것은 그 참된 이치가 마주 대하여 드러난 참된 모양이나 상태의 본바탕實質으로서 더할 나위 없이 지극至極

하기 때문이라네.

육도六途

마음이 흐려서 무언가에 홀린 듯 갈팡질팡 헤매는 중생이 잘못이나 허물의 업業을 지어 가는 일에 있어서 차이가 있게 구별하는 것이라네. 때문에 하고 싶은 마음이 쏠리는 방향에 따라 처할 바가 여섯 곳六處이 있으며, 육취六趣 또는 육도六途라고 이른다네.

첫째, 지옥도地獄途란 여덟의 펄펄 끓는 지옥, 여덟의 얼어붙은 지옥 따위의 고통스러운 곳을 이른다네. 그리고 땅 밑에 있는 것이므로 지옥도地獄途라 한다네.

둘째, 아귀도餓鬼途란 죽음을 밥 먹듯이 하면서 변함없이 늘 삶을 구걸하는 귀신들이 나는 곳이라네. 또한 사람과 뒤섞인 곳이지만 서로 볼 수 없는 것을 이른다네.

셋째, 축생도畜生途란 날짐승과 길짐승이 나는 곳으로서 사람들이 의지하며 살아가는 곳과 허다히 같으며, 눈앞에 드러나 볼 수 있는 것을 이른다네.

넷째, 아수라도阿修羅途란 늘 변함이 없이 성냄을 마음에 품고 무력행사武力行事를 즐겨하는 사람들이 나는 곳으로 깊은 산속의 으슥한 골짜기를 의지依支 처處로 하는 것이며, 사람과는 통하지 못하는 것을 이른다네.

다섯째, 인간도人間途란 사람이 나는 곳으로 중생이 살아가는 속세를 네 개의 큰 대륙에 나누어 선악善惡의 응보應報에 따라 의지 할 곳을 구분 짓은 것이라네.

여섯째, 천상도天上途란 몸에 밝은 빛이 있으며, 앞날의 희망을 말하는 것이고 또한 자연스럽게 욕망慾望을 만족시키는 즐거움을 받는 중생을 이른다네. 때문에 천상도天上途라 이른 것이며, 삼계三界 가운데 욕계欲界에 여섯 가지 처할 곳이 있어 육욕천六欲天이라도 한다네. 또한 색계色界와 무색계無色界, 이 두 세계가 나는 곳이라네.

팔정도八正道

첫째, 정견正見은 고집멸도苦集滅道 사제四諦의 이치를 보고 분명하게 마주 대하여 드러내 보이는 것으로 깨우침을 깨달아 아는 일로서의 온전한 지혜인 반야바라밀般若波羅密을 바탕으로 깨달아 얻은 맑고 깨끗한 순수한 지혜를 체體로 하는 것이라네. 이것이 곧 팔정도八正道의 실질적實質的인 본 바탕이라네.

둘째, 정사유正思惟는 고집멸도苦集滅道 사제四諦의 이치를 이미 보고 오히려 마음속에 그리고 생각으로 양量을 헤아리면서 진리眞理, 참된 이치를 늘리고 더하는 것이라네. 이는 온전한 지혜인 반야바라밀般若波羅密을 바탕으로 깨달아 얻은 맑고 깨끗한 또 순수한 지혜로운 마음을 체體로 삼는 것이라네.

셋째, 정어正語는 맑고 깨끗한 참된 지혜로 입으로 짓는 업口業을 닦아서 거짓된 이치를 짓지 않는 것이라네. 그리고 온전한 지혜인 반야바라밀般若波羅密에 대한 믿음信을 바탕으로 일체 모든 법法을 이해解하고 밝게 깨달아 얻은 참된 마음자리의 계戒로서 체體를 삼는 것이라네.

넷째, 정업正業은 온전한 지혜인 반야바라밀般若波羅密에 대한 믿음信을 바탕으로 일체 모든 법法을 이해解하고 밝게 깨달아 얻은 순수한 지혜로 몸으로 짓는 일체 모든 삿된 업을 없애 버리고 육근六根이 청정淸淨한 몸의 업身業에 머무는 것이라네. 그리고 일체 모든 법法을 이해解하고 밝게 깨달아 얻은 참된 마음자리의 계戒로써 체體를 삼는 것이라네.

다섯째, 정명正命은 신身, 구口, 의意의 삼업三業을 온전한 지혜인 반야바라밀般若波羅密에 대한 믿음信을 바탕으로 일체 모든 법法을 이해解하고 밝게 깨달아 얻은 참된 마음자리의 밝은 빛으로 청정淸淨히 하는 일에 있어, 일체 모든 법法을 이해解하고 밝게 깨달아 얻은 참된 마음자리의 법正法에 따르면서 운명運命을 살리고 다섯 가지 삿된 운명으로부터 멀리 벗어나는 것이라네. 그리고 일체 모든 법法을 이해解하고 밝게 깨달아 얻은 참된 마음자리의 계戒로써 체體를 삼는 것이라네.

여섯째, 정정진正精進은 깨우침을 깨달아 아는 일로서의 온전한 지혜인 반야바라밀般若波羅密에 대한 믿음信을 바탕으로 일체 모든 법法을 이해解하고 밝게 깨달아 얻은 참된 마음자리의 순수한 지혜를 일으킨 쓰임새用로 열반의 도道를 힘 있게 나아가며 수행修行하는 일이라네. 그리고 일체 모든 법法을 이해解하고 밝게 깨달아 얻은 참된 마음자리의 부지런함을 체體로 삼는 것이라네.

일곱째, 정념正念은 온전한 지혜인 반야바라밀般若波羅密에 대한 믿음信을 바탕으로 일체 모든 법法을 이해解하고 밝게 깨달아 얻은 참된 마음자리의 이치로써 올바른 도를 무수 무량하게 생각할 뿐, 삿된 생각이 없는 것을 이른다네. 그리고 일체 모든 법法을 이해解하고 밝게 깨달아 얻은 참된 마음자리의 맑고 깨끗한 생각을 체體로 삼는 것이라네.

여덟째, 정정正定은 깨우침을 깨달아 아는 일로서의 온전한 반야바라밀般若波羅密에 대한 믿음信을 바탕으로 일체 모든 법法을 이해解하고 밝게 깨달아 얻은 참된 마음자리의 참된 지혜로써 움직이거나 흐트러지지 않는 맑고 깨끗한 자리에 들어가는 것을 이른다네. 그리고 일체 모든 법法을 이해解하고 밝게 깨달아 얻은 참된 마음자리의 움직이거나 흐트러지지 않는 정定을 체體로 삼는 것이라네.

이 팔정도八正道, 팔법八法이 어긋나고 거짓된 것을 다 끊어 버리는 버리기 때문에 정正이라 한 것이며, 능히 열반의 언덕에 이를 수 있는 환하게 통하는 길이므로 도道라고 한 것이라네.

십이인연十二因緣

십이인연十二因緣은 사가행四加行의 벽지불壁支佛이 자세하게 살펴보고 드러내는 법觀法이라네. 이는 중생이 과거 현재 미래에 관계를 맺는 까닭으로 육도에 윤회하면서 차례를 따라 생기生起 소멸消滅하는 법칙을 말한 것이라네.

첫째, 무명無明이란 지난 과거세에 있어서 그 처음이 없는 곳으로부터의 번뇌煩惱를 말한다네.

둘째, 행行이란 지난 과거세의 번뇌에 의하여 짓게 된 선악善惡으로 행行한 업業을 이른다네.

셋째, 식識이란 과거세의 업에 의하여 받아들인 것으로 현재 태중에 아이를 가진 일로 오로지 한 생각뿐임을 이른다네.

넷째, 명색名色은 아이를 배고 있는 동안에 몸과 마음이 차차 자라나는 자리를 말한다네. 이름名이란 곧 마음의 법, 심법心法이라는 것이며, 이 마음의 법을 체體로 한다는 것이라네. 이를 눈앞에 드러내어 보일 수는 없고 단지 이름으로 올바르게 갖추어 설명하는 것이므로 명名이라고 한 것이라네. 색色이란 안眼, 이耳, 비鼻, 설舌, 신身을 이른다네.

다섯째, 육처六處는 육근을 이른다네. 육근이 모자람이 없이 갖추고 있으므로 장차 뱃속에서 나가고자 하는 자리라네.

여섯째, 촉觸은 2살에서 3살 사이에 사물을 마주 대하여 아직은 고통과 즐거움을 나누어 구별 할 수는 없고 단지 마주 대하여 드러나는 사물의 모양이나 상태에 맞닿아서 느끼고자 하는 자리를 이른다네.

일곱째, 수受는 6살에서 7살 이후에 사물과 마주 대하여 드러난 모양이나 상태를 따라 고통이나 즐거움을 나누어 구분 짓고 알며, 이를 받아들이고 느끼는 자리라네.

여덟째, 애愛는 14세에서 15세 이후에 때때로 또 여러 가지의 까닭으로 인하여 하고자 하는 욕망慾望에 사로잡히는 마음을 낳은 자리를 이른다네.

아홉째, 취取는 성인成人이 된 이후에 이성理性에 집착하는 성적인 욕망慾望이 매우 성해짐에 따라 때와 장소를 가리지 않고 매섭게 내달리면서 하고자 하는 욕심慾心으로 구해서 취하는 자리라네.

열째, 유有는 사랑을 소유하고 취하는 번뇌로 인하여 때때로 또 여러 가지로 업業을 지어 곧바로 결과가 정해지는 자리라네. 곧 유有란 지는 업業으로써 업業이 능히 곧바로 결과를 포함하고 있으므로 유有라 한 것이라네.

열한 번째, 생生은 현재現在의 지는 업業으로 인하여 미래未來의 업業을 받는 자리라네.

열둘 번째, 노사老死는 미래세에서 늙고 죽어 가는 자리라네.

십이인연十二因緣 가운데 '무명無明과 행行'의 두 가지는 미혹迷惑과 업業이라는 두 가지로서 과거세의 직접적直接的인 원인에 속하고 '식識, 명색名色, 육처六處, 촉觸, 수受'의 다섯 가지는 과거過去 미혹과 업의 직접적인 원인으로 인하여 한 묶음으로 받는 현재現在의 결과에 속하는 것이라네. 이는 과

거와 현재가 하나로 묶여지는 것으로 그 무거움이 감당키 어려운 원인과 결과라네. 또한 '애愛, 취取'의 두 가지는 현재現在의 미혹이며, '유有'란 현재의 업業을 이른다네. 이 미혹과 업의 직접적인 원인으로 인하여 한 묶음으로 미래未來의 '생生'과 '노사老死'의 결과를 마음으로 느낄 때 이는 현재와 미래가 하나로 묶여지는 것으로 그 무거움이 감당키 어려운 원인과 결과라네.

위의 과거와 현재가 하나로 묶여지는 것으로 그 무거움이 감당키 어려운 원인과 결과와 현재와 미래가 하나로 묶여지는 것으로서 그 무거움이 감당키 어려운 원인과 결과를 합해서 일컫기를 삼세三世를 아우르는 비중比重 있는 원인과 결과라고 하는 것이니, 이는 비중 있게 아우르는 원인과 결과에 의하여 윤회輪廻하는 일이 끝이 없음을 알아야 한다네.

현재現在의 미혹(애愛, 취取)과 업(유有)이 이미 현재의 고통苦痛스러운 결과(식識, 명색名色, 육처六處, 촉觸, 수受)에서 생겨났음을 자세하게 들여다본다면, 과거의 미혹迷惑과 업業도 또한 과거의 고통苦痛스러운 결과에서 생겨났음을 알 것이라네. 이미 현재의 고통스러운 결과(식識, 명색名色, 육처六處, 촉觸, 수受)가 현재의 업(유有)에서 생겨났음을 자세하게 들여다보면, 역시 미래의 고통스러운 결과(생生, 노사老死)가 미래未來의 업業을 생겨나게 할 것임을 알 수 있을 것이라네.

그러므로 이를 따라 알고자 몸과 마음을 다해 노력하면 과거의 미혹迷惑과 업業은 과거의 고통스러운 결과에서 온 곳이며, 미래未來의 고통스러운 결과는 미래의 미혹과 업을 생기게 하였으므로 과거로부터 비롯되었다는 일은 없는 것이라네. 또한 이는 미래에 끝마칠 일이 없는 것이니, 이를 무시무종無始無終하는 생사윤회生死輪廻라고 한다네. 이러한 까닭으로 벽지불壁支佛은 이를 깊이 들여다보고 생사生死를 싫어하고 또 늘 항상 한 실질적實質的인 스스로의 본바탕이 없는 것을 알게 됨으로써 미혹과 업을 끊고 열반涅槃을 분명하게 드러내는 것이라네. 이 가운데서 인因과 연緣을 나누어 구분 짓고 밝히면, 행行과 유有의 두 가지는 인因이 되는 것이고 '무명無明, 애愛, 취取'의 세 가지는 연緣이며, 나머지 일곱 가지는 결과結果라네. 그러나 이 결과는 도리어 미혹과 업의 원인을 일으키는 연緣이 되므로 이를 하나로 묶어서 가운데로 끌어당겨 잡고 달리 결과에 이름을 붙이지 않고 인연관因緣觀이라 짧게 이른 것이라네.

반야바라밀般若波羅密

반야바라밀般若波羅密이란 육바라밀六波羅密 중에 여섯 번째를 함께 부르는 이름으로서 모든 바라밀 중에서 위없음으로는 제일이라네. 육바라밀六波羅密이란 육근六根, 육진六塵, 육식六識, 곧 根, 境, 識, 18문十八門의 법法이 공空한 본바탕은 실질적實質的으로 마주 대하여 드러난 있는 그대로의 모양이나 상태로서 있는 그대로 지혜이며, 깨우침을 깨달아 아는 온전한 지혜로써 피안彼岸, 곧 이승의 번뇌를 해탈解脫하여 열반의 세계에 도달케 하는 순수한 지혜의 힘이라네.

반야般若라 함은 달리 부르는 이름이 많지만, 사리에 밝고 총명하며 슬기롭다는 것이라네. 지혜로써 아는 일에 있어서 평면적平面的이거나 단편적斷片的, 또 주관적主觀的으로 아는 것이 아닌 지극히 공간적空間的이면서 복합적複合的이고 객관적客觀的으로 아는 일을 이른다네. 때문에 명明, 밝다. 환하게 밝히다. 라고 한다네. 곧 마주 대하여 드러난 허망한 바탕의 모양이나 상태를 끊어서 없애 버린 것이 반야般若의 실질적實質的인 본바탕의 성품이며, 이는 중생에게 본래부터 갖추어져 있는 것으로서 이치를 실제로 드러낸 모습의 모양이나 상태로써 실상반야實相般若라 한다네. 때문에 반야般若의 체體는 하나이지만 그 쓰임새는 무수無數 무량無量한 것이라네.

바라밀波羅密이란 머무는 바 없이 행하는 자를 이르는 이름이라네. 머무는 바 없이 행하는 일이란 일체 모든 행함을 스스로 행하면서 타인과 거스르는 일 없이 이끌어서 마침내 다함이 없는 곳까지 도달하는 일이라네. 머무는 바 없이 행하는 바大行를 지혜般若와 쌍으로 해서 능히 생사를 벗어나 깨우침을 다한 열반에 이르는 것이라네. 마침내 깨우침을 다한 곳에 이른다는 것은 머무는 바 없이 행하는 일, 이 대행大行으로 인하여 능히 25문二十五門, 57과五十七果, 일천칠백공안一千七百公案, 팔만사천법문八萬四千法文 등 일체 모든 법法을 깨닫게 되어 번뇌에서 벗어나는 것이라네. 이를 바탕으로 머무는 바 없는 마음으로 일으킨 무수無數 무량無量한 행行을 재시財施, 무외시無畏施, 법시法施라고 하는 것이니, 이를 보시布, 또는 단바라밀檀波羅密이라고 이른다네. 또한 일체 모든 번뇌에서 벗어나 머무는 바 없는 마음으로 재가在家, 출가出家, 소승小乘, 대승大乘의 일체 모든 계율戒律을 능히 지니어 지키는 일을 지계持戒, 또는 시바라밀尸波羅密이라고 이른다네.

일체 모든 중생有情으로서 욕설을 퍼부어 창피를 주는 일이나 치고 때리는 따위, 또 비정非情의 한寒, 열熱, 기飢, 갈渴 따위를 등을 능히 인내하면서 받아들이고 일체 모든 번뇌에서 벗어나 머무는 바 없는 마음으로 행大行하는 일을 인욕忍辱, 또는 찬제바라밀屭提波羅密이라고 한다네.

몸과 마음을 다한 정성으로 앞뒤의 다섯 바라밀波羅密을 수행修行하고 나아가는 일을 정진精進 또는 비리야바라밀毘梨耶波羅密이라고 한다네.

참된 이치로 마주 대하여 드러난 모양이나 상태를 마음속에 그리고 생각하는 일로써 증거로 드러내기 전에는 어지럽게 흐트러진 마음을 움직이거나 흔들리지 않게 하는 요긴한 법法이 되고 증거로서 얻은 후에는 움직이거나 흐트러지지 않은 정定에 머무는 일에 있어서 머무는 바 없이 행하는 일大行을 선定, 또는 선바라밀禪波羅密이라고 한다네. 이로써 미혹함을 끊어서 없애 버리고 마음을 가라앉힌 참된 이치를 증거로서 드러내면 도에 입류入流하는 것이며, 도에 입류入流한 다음에 일체 모든 법을 통달通達하면 머무는 바 없이 행行하는 일이라네. 이를 지혜智慧, 또는 반야바라밀般若波羅密이라고 하는 것이네.

경境

번뇌로 말미암아 참된 이치에 어둡고 법을 이해하지 못하는 어리석음의 근본 바탕인 안眼, 이耳, 비鼻, 설舌, 신身, 의意의 육근六根과 이 육근六根을 바탕으로 어리석게도 무수無數 무량無量하게 가지를 치는 색色, 성聲, 향香, 미味, 촉觸, 법法의 육진六塵과 지地, 수水, 화火, 풍風 4대가 거짓으로 합한 색온色蘊과 안식眼識, 이식耳識, 비식鼻識, 설식舌識, 신식身識, 의식意識으로서의 수受, 상想, 행行, 식識 사온四蘊은 마주 대하여 드러난 있는 그대로의 모양이나 상태로써 어지럽게 흩어진 꽃인 동시에 사려분별思慮分別을 더하지 않는 생긴 그대로의 경지境地이며, 모양이나 상태일 뿐이라네. 그러므로 본 바탕의 까닭因이 되는 것으로서 사려분별을 더하지 않는 생긴 그대로의 자연스러운 이치를 밝혀내고 또 이러한 사실에 근거根據하여 증명證明해야만 한다네.
덧붙이자면 다음과 같다네.

여시상如是相, 여시성如是性, 여시체如是體, 여시력如是力, 여시작如是作, 여시인如是因, 여시연如是緣, 여시과如是果, 여시보如是報, 근본무명根本無明 등의 경계는 사실에 근거하여 증명한 후 깨우침을 체득體得한 경지境를 이른다네.

무명無明, 행行, 식識, 명색名色, 육처六處, 촉觸, 수受, 애愛, 취取, 유有, 생生, 노사老死의 십이인연지十二因緣支는 중생이 과거, 현재, 미래에 얽매임으로 인하여 육도六途를 윤회輪廻하면서 차례를 따라 생기고 없어지는 일을 깊이 들여다보고서 열반涅槃에 들기를 갈구하는 연각緣覺의 경지境를 이른다네.

중생이 생生, 노老, 병病, 사死하는 네 가지의 고통을 주된 것으로 한, 모든 고통스러운 결과가 모이는 까닭을 끊어 버리고 수행을 바탕으로 증명하고 없애는 고苦, 집集, 멸滅, 도道의 사제四諦는 관법觀法을 닦아서 25문二十五門, 57과五十七果, 일천칠백공안一千七百公案, 팔만사천법문八萬四千法文 등 일체 모든 법法이 어지럽게 흩어진 공空임을 증명하는 성문聲聞의 경지境를 이른다네.

색법色法이란 어지럽게 흩어진 공空과 같은 것이라네. 때문에 심법心法도 또한 거짓된 것이라, 실체가 없는 무상한 모양이나 상태幻相와 거짓으로 이르는 이름假名을 떠나 일체 모든 법 있는 그대로의 모습에 편안하게 머무는 일中道이란 공空, 가假, 중中 삼제三諦의 경지境를 이른다네.

중생이 업력業力으로 어지럽게 흩어진 공空에 의지해서 있음有에 집착하는 세속의 한계를 벗어 버리고 어느 쪽으로도 치우치지 않는 있는 그대로의 모양이나 상태를 참됨의 한계로 보고 눈을 돌리는 일이란 진眞, 속俗 이제二諦의 경지境를 이른다네.

일一이라 드러낸 경지란 참됨을 드러낸 하나의 경지를 이른다네. 이렇게 다섯의 경지境는 있는 그대로의 드러난 모양이나 상태에 도달하려고 하는 미혹한 경지境라네. 그러나 미혹함과 깨우침을 체득했다는 차이가 있을 뿐이라네. 곧 미혹함의 경지와 깨우침을 체득한 경지는 다르지 않다는 것이라네. 때문에 사려분별을 더하지 아니한 생긴 그대로의 모양이나 상태

의 이치如理를 증명해서 드러내고境 깨우침을 체득한 일로서 사려분별을
더하지 않고 있는 그대로의 지혜如如智가 생기면 본바탕의 자취가 온전하
면서도 미묘한 본질本質을 잘 이해하여 확실하게 알게 될 것이라네.

일지 이건표一智 李健杓

　1963년 충북 증평에서 태어났다. 1983년 출가
하여 만행萬行을 하던 중 1991년 선사禪師 일휴一
休 스님을 만나 3년간 시봉, 정진해 수능엄경을
사사받았다. 정진 수행하는 동안 수능엄경 번역
에 힘썼다. 2006년부터 집필활동을 했으며 저서
로는『육십갑자를 펼쳐 보게 팔자가 보인다네』,
『사상론』,『천운해제天運解題』,『주역 64괘 해제』,
『수능엄경』,『병신 하니 등신 하네』가 있다. 지금
은 시발산방始發山房에서 구도에 전념하고 있다.

홈페이지: https://천운해제.com